Si la philosophie m'était contée

Une anthologie présentée par
Guillaume Pigeard de Gurbert

Si la philosophie m'était contée

De Platon à Gilles Deleuze

© E.J.L., 2000 pour la présente édition

Platon, *Protagoras*, © G-F Flammarion, 1997
Aristote, *Éthique à Nicomaque*, © Vrin, 1959
Diogène, *Vie, doctrines et sentences des philosophes illustres*, © G-F Flammarion, 1965
Lucrèce, *De la nature*, © G-F Flammarion, 1997
Spinoza, *Éthique*, © G-F Flammarion, 1965
Kant, *Anthropologie d'un point de vue pragmatique*, © Vrin, 1984
Hegel, *Esthétique*, © Flammarion, Champs, 1979
Nietzsche, *Le Gai savoir*, © G-F Flammarion, 1997
Bergson, *L'Évolution créatrice*, © PUF, 1959, (coll. « Quadrige », 8e édition, 1998)
Deleuze, *Proust et les signes*, © PUF, 1996, (coll. « Quadrige », 2e édition, 1998)

Sommaire

Avertissement, par Guillaume Pigeard de Gurbert 7

PLATON, *L'Homme nu* 9

ARISTOTE, *La Tempête* 14

DIOGÈNE, *Le Chien* 19

LUCRÈCE, *L'Amour* 31

MONTAIGNE, *L'Ami* 39

DESCARTES, *Le Panier de pommes* 51

HOBBES, *La Moquerie* 57

PASCAL, *La Flatterie* 65

SPINOZA, *Le Somnambule* 70

LEIBNIZ, *L'Avare* 76

KANT, *Le Rire* 89

HEGEL, *Le Tatouage* 94

MARX, *L'Automate* 99

NIETZSCHE, *L'Inconnu* 105

BERGSON, *Le Verre d'eau sucrée* 109

DELEUZE, *Le Jaloux* 114

Avertissement

> *Il faut atteindre à un point secret où la même*
> *chose est anecdote de la vie et aphorisme de la pensée*
> Gilles Deleuze

On se représente d'ordinaire la philosophie comme le pays de l'abstraction et ses habitants, les « philosophes », comme des êtres lunaires dépourvus de tout sens pratique, absorbés par leurs spéculations. Devant un tel tableau, le commun des mortels oscille entre la fascination et la raillerie. Que m'importe Aristote, disait déjà Sganarelle chez Molière, mon tabac me suffit !

Les anthologies traditionnelles, il est vrai, ne sélectionnent dans les œuvres des philosophes que les passages purement théoriques, réputés sérieux, importants et philosophiques, et censurent les passages anecdotiques dont ces mêmes œuvres grouillent pourtant. Ce faisant, elles apportent leur caution à l'image du philosophe perdu dans ses idées. *Si la philosophie m'était contée* revient sur cette censure en proposant un recueil de textes qui, mêlant anecdote et philosophie, renversent ce cliché. Les textes que l'on trouvera ici ont en effet en commun de porter sur un exemple, une histoire ou une anecdote, et de montrer que les philosophes n'ont jamais eu d'autre projet que de penser cette réalité quotidienne dans laquelle nous vivons. On ne trouve pas une œuvre philosophique qui fasse l'économie de cette épreuve du concret. Il faut le dire et le redire, la légende selon laquelle la philosophie serait abstraite est elle-même une vision abstraite de la philosophie.

Les textes sont classés par ordre chronologique, mais on peut les lire en suivant son goût personnel, au gré des ses envies. Ils sont suivis de brèves « vignettes » (comme les appelle mon ami Richard Scholar à qui je dédie ce livre) qui ne se veulent pas érudites. J'y ai moi-même suivi mes propres goûts philosophiques en insistant sur ce qui me paraissait le plus important. Ces vignettes soulignent le problème que pose chaque texte d'une part, et d'autre part l'usage philosophique de tel petit fait emprunté à une expérience quotidienne. À travers chaque anecdote, c'est le sens même d'une philosophie qui se décide. Par exemple, il n'est pas anodin que Leibniz sollicite précisément la figure de l'avare (*cf.* p. 76) pour définir le bonheur dans le cadre de sa philosophie du possible : l'avare ne place-t-il pas sa confiance dans l'argent qu'il lui est possible d'obtenir bien plus que dans celui qu'il possède d'ores et déjà ? À chaque philosophie on peut faire correspondre l'anecdote qui en accomplit le sens. On ne s'étonnera donc pas de lire entre autres un texte de Hegel sur le tatouage et un autre de Bergson sur le verre d'eau sucrée.

Je laisse à présent le lecteur découvrir par lui-même le contenu de cette philosophie contée par l'anecdote qui s'ouvre comme de juste sur un mythe.

Guillaume Pigeard de Gurbert

PLATON

L'Homme nu

« Il fut un temps où les dieux existaient déjà, mais où les races mortelles n'existaient pas. Lorsque [**320d**] fut venu le temps de leur naissance, fixé par le destin, les dieux les façonnent à l'intérieur de la terre, en réalisant un mélange de terre, de feu et de tout ce qui se mêle au feu et à la terre. Puis, lorsque vint le moment de les produire à la lumière, ils chargèrent Prométhée et Épiméthée de répartir les capacités entre chacune d'entre elles, en bon ordre, comme il convient. Épiméthée demande alors avec insistance à Prométhée de le laisser seul opérer la répartition : "Quand elle sera faite, dit-il, tu viendras la contrôler." L'ayant convaincu de la sorte, il opère la répartition. Et dans sa répartition, il dotait les uns de force sans vitesse et [**320e**] donnait la vitesse aux plus faibles ; il armait les uns et, pour ceux qu'il dotait d'une nature sans armes, il leur ménageait une autre capacité de survie. À ceux qu'il revêtait de petitesse, il donnait des ailes pour qu'ils puissent s'enfuir ou bien un repaire souterrain ; ceux dont il augmentait la taille [**321a**] voyaient par là même leur sauvegarde assurée ; et dans sa répartition, il compensait les autres capacités de la même façon. Il opérait de la sorte pour éviter qu'aucune race ne soit anéantie ; après leur avoir assuré des moyens d'échapper par la fuite aux destructions mutuelles, il s'arrangea pour les prémunir contre les saisons de Zeus : il les recouvrit de pelages denses et de peaux épaisses, protections suffisantes pour l'hiver, mais susceptibles aussi de les protéger des grandes chaleurs, et constituant, lorsqu'ils vont dormir, une couche adaptée et naturelle pour chacun ; il chaussa les uns [**321b**] de sabots, les autres de peaux épaisses et vides de sang. Ensuite, il leur procura à chacun une nourriture distincte, aux uns l'herbe de la terre, aux autres les fruits des arbres, à d'autres encore les racines ; il y en a à qui il donna pour nourriture la chair d'autres animaux ; à ceux-là, il accorda une progéniture peu nombreuse, alors qu'à leurs proies il accorda une progéniture abondante, assurant par là la sauvegarde de leur espèce.

Cependant, comme il n'était pas précisément sage, Épiméthée, [**321c**] sans y prendre garde, avait dépensé toutes les capacités pour les bêtes, qui ne parlent pas ; il restait encore la race humaine, qui n'avait rien reçu, et il ne savait pas quoi faire.

Alors qu'il était dans l'embarras, Prométhée arrive pour inspecter la répartition, et il voit tous les vivants harmonieusement pourvus en tout, mais l'homme nu, sans chaussures, sans couverture, sans armes. Et c'était déjà le jour fixé par le destin, où l'homme devait sortir de terre et paraître à la lumière. Face à cet embarras, ne sachant pas comment il pouvait préserver [**321d**] l'homme, Prométhée dérobe le savoir technique d'Héphaïstos et d'Athéna, ainsi que le feu – car, sans feu, il n'y avait pas moyen de l'acquérir ni de s'en servir –, et c'est ainsi qu'il en fait présent à l'homme. De cette manière, l'homme était donc en possession du savoir qui concerne la vie, mais il n'avait pas le savoir politique ; en effet, celui-ci se trouvait chez Zeus. Or Prométhée n'avait plus le temps d'entrer dans l'acropole où habite Zeus, et il y avait en plus les gardiens de Zeus, qui étaient redoutables ; mais il parvient à [**321e**] s'introduire sans être vu dans le logis commun d'Héphaïstos et d'Athéna, où ils aimaient à pratiquer leurs arts, il dérobe l'art du feu, qui appartient à Héphaïstos, ainsi que l'art d'Athéna, et il en fait présent à l'homme. C'est ainsi que l'homme se retrouva bien pourvu pour sa vie, et que, par la suite, à cause d'Épiméthée, [**322a**] Prométhée, dit-on, fut accusé de vol.

Puisque l'homme avait sa part du lot divin, il fut tout d'abord, du fait de sa parenté avec le dieu, le seul de tous les vivants à reconnaître des dieux, et il entreprit d'ériger des autels et des statues de dieux ; ensuite, grâce à l'art, il ne tarda pas à émettre des sons articulés et des mots, et il inventa les habitations, les vêtements, les chaussures, les couvertures et les aliments qui viennent de la terre. Ainsi équipés, les hommes vivaient à l'origine dispersés, et [**322b**] il n'y avait pas de cités ; ils succombaient donc sous les coups des bêtes féroces, car ils étaient en tout plus faibles qu'elles, et leur art d'artisans, qui constituait une aide suffisante pour assurer leur nourriture, s'avérait insuffisant dans la guerre qu'ils menaient contre les bêtes sauvages. En effet, ils ne possédaient pas encore l'art politique, dont l'art de la guerre est une partie. Ils cherchaient bien sûr à se rassembler pour assurer leur sauvegarde en fondant des cités. Mais à chaque fois qu'ils étaient rassemblés, ils se comportaient d'une manière injuste les uns envers les autres, parce qu'ils ne possédaient pas l'art politique, de sorte que, toujours, ils se dispersaient à nouveau et périssaient. Aussi Zeus, de peur que [**322c**] notre espèce n'en vînt à périr tout entière, envoie Hermès apporter à l'humanité la Vergogne et la Justice, pour constituer l'ordre des cités et les liens d'amitié qui rassemblent les hommes. Hermès demande alors à Zeus de quelle façon il doit faire don aux hommes de la Justice et de la Vergogne : "Dois-je les répartir de la manière dont les arts l'ont été ? Leur répartition a été opérée comme suit : un seul homme qui possède l'art de la médecine suffit pour un grand nombre de profanes, et il en est de même pour les autres artisans. Dois-je répartir ainsi la Justice et la Vergogne entre les hommes, ou dois-je les répartir entre tous ?" Zeus répondit : [**322d**] "Répartis-les entre tous, et que tous y prennent part ; car il ne pourrait y avoir de cités, si seul un petit nombre d'hommes y prenaient part, comme c'est le cas pour les autres arts ; et instaure en mon nom la loi suivante : qu'on mette à mort, comme un fléau de la cité, l'homme qui se montre incapable de prendre part à la Vergogne et à la Justice" ».

Protagoras, traduit du grec par F. Ildefonse, 320c-322d.
Paris, G-F, 1997.

Platon

La philosophie de Platon n'hésite pas à faire appel au mythe pour parler de ce dont le discours rationnel ne saurait rendre compte. Ses écrits recèlent de nombreux mythes qui attestent la solidarité de la pensée philosophique et de la parole mythique. Ce pourquoi, soit dit en passant, il n'est pas besoin de voir des mythes là où il n'y en a pas : le trop fameux « mythe » de la caverne qui se trouve dans *La République* n'est pas un mythe mais une allégorie. Le mythe est un récit de l'origine, c'est-à-dire de ce qui se passait avant que le monde en général et l'homme en particulier fussent tels que nous les connaissons aujourd'hui. Il permet à la philosophie de plonger sa sonde dans ces régions de l'être qui sont par définition inaccessibles à la raison. Loin de représenter pour autant une concession à l'irrationnel, il élargit l'emprise de la pensée humaine sur l'être. Le mythe sait parler de ce dont la raison ne sait pas parler. Tel est le mythe de Prométhée que Platon rapporte dans le *Protagoras*. Il raconte l'origine de l'homme, et éveille par conséquent la pensée humaine au monde d'avant l'homme. Ce recours au récit de l'origine vise à expliquer ce qui est par ce qui n'est plus. Nous vivons dans un monde d'objets produits par la technique qui constituent notre milieu. Et ce milieu nous apparaît sous la forme d'un donné, c'est-à-dire d'un environnement naturel. Aussi chaque nouvel instrument technique nous semble-t-il une simple amélioration de notre condition. En revenant au temps mythique où les hommes n'existaient pas encore, Platon signifie que la technique ne facilite pas l'existence humaine mais la rend tout bonnement possible. Le cas des animaux intervient ici à titre de repoussoir : si les conditions de leur survie leur sont données naturellement, celles de l'homme sont à conquérir. Les dieux ont chargé les Titans Prométhée et Épiméthée de « répartir les capacités » entre toutes les espèces, aussi bien les hommes que les animaux. Épiméthée – dont le nom signifie celui qui réfléchit seulement « après coup » (épi-) – se charge de la répartition et gaspille toutes les capacités dont il dispose au profit des animaux sans en garder aucune pour l'homme. Alors que les espèces animales se trouvent dotées des puissances nécessaires à leur existence, l'homme, ce grand oublié de la nature, est « nu, sans chaussures, sans couvertures, sans armes ». L'homme est donc privé de puissance naturelle. La nature le condamne à l'impuissance, par conséquent à la mort. Afin de remédier à l'oubli d'Épiméthée, Prométhée – dont le nom veut dire le « pré-voyant » (pro-) – « dérobe le savoir technique d'Héphaïstos et d'Athéna, ainsi que le feu – car, sans feu, il n'y avait pas moyen de l'acquérir ni de s'en servir ». Le sens du mythe est donc que l'homme n'a d'être que par le pouvoir-faire qu'il met en œuvre. Il est cet être dont l'existence n'est pas donnée mais qu'il doit lui-même produire au moyen de son activité technique. C'est grâce à celle-ci qu'il « inventa les habitations, les vêtements, les chaussures, les couvertures et les aliments qui viennent de la terre ». La notion de milieu naturel n'a pas de sens pour l'homme qui est l'auteur des conditions de son existence. L'infériorité naturelle de l'homme eu égard aux animaux se trouve compensée par sa supériorité technique. Toutefois, précise Platon, si la puissance technique assure l'existence de l'homme pris isolément, elle est incapable de le protéger des bêtes et des autres hommes. Aussi son existence reste-t-elle, à ce stade du mythe, fondamentalement précaire. C'est à l'intervention de Zeus que l'homme devra la pérennité de son existence : celui-ci envoie Hermès – le messager, dieu de la communication et du vivre-ensemble – apporter aux hommes l'art politique qui leur permet de dépasser leurs divisions et de s'accorder entre eux. L'homme construit son existence, non seulement au niveau individuel, grâce à son « art d'artisans », mais encore au plan collectif, grâce à « l'art politique ». Ce dernier, à la différence du premier, est réparti de manière égale entre tous les hommes : la réciprocité est la condition nécessaire de la vie politique, cette subordination de la multiplicité des individus à l'unité de la Cité. On sait du reste que la philosophie travaille plus généralement pour Platon à ramener le Multiple à l'Un. Dans ces conditions, on comprend le mot de Socrate à la fin du *Protagoras* : « dans le mythe, j'ai d'ailleurs préféré Prométhée à Épiméthée ; je me règle donc sur lui, et c'est en prévision de la conduite de toute ma vie que je me soucie de tout cela ».

ARISTOTE

La Tempête

Puisque la vertu a rapport à la fois à des affections et à des actions, et que ces états peuvent être soit volontaires, et encourir l'éloge ou le blâme, soit involontaires, et provoquer l'indulgence et parfois même la pitié, il est sans doute indispensable, pour ceux qui font porter leur examen sur la vertu, de distinguer entre le volontaire et l'involontaire ; et cela est également utile au législateur pour établir des récompenses et des châtiments.

On admet d'ordinaire qu'un acte est involontaire quand il est fait sous la contrainte, ou par ignorance. Est fait par contrainte tout ce qui a son principe hors de nous, c'est-à-dire un principe dans lequel on ne relève aucun concours de l'agent ou du patient : si, par exemple, on est emporté quelque part, soit par le vent, soit par des gens qui vous tiennent en leur pouvoir.

Mais pour les actes accomplis par crainte de plus grands maux ou pour quelque noble motif (par exemple, si un tyran nous ordonne d'accomplir une action honteuse, alors qu'il tient en son pouvoir nos parents et nos enfants, et qu'en accomplissant cette action nous assurerions leur salut, et en refusant de la faire, leur mort), pour de telles actions la question est débattue de savoir si elles sont volontaires ou involontaires. C'est là encore ce qui se produit dans le cas d'une cargaison que l'on jette par-dessus bord au cours d'une tempête : dans l'absolu, personne ne se débarrasse ainsi de son bien volontairement, mais quand il s'agit de son propre salut et de celui de ses compagnons un homme de sens agit toujours ainsi. De telles actions sont donc mixtes, tout en ressemblant plutôt à des actions volontaires, car elles sont librement choisies au moment où on les accomplit, et la fin de l'action varie avec les circonstances de temps. On doit donc, pour qualifier une action de volontaire ou d'involontaire, se référer au moment où elle s'accomplit. Or ici l'homme agit volontairement, car le principe qui, en de telles actions, meut les parties instrumentales de son corps, réside en lui, et les choses dont le principe est en l'homme même, il dépend de lui de les faire ou de ne pas les faire. Volontaires sont donc les actions de ce genre, quoique dans l'absolu elles soient peut-être involontaires, puisque personne ne choisirait jamais une pareille action en elle-même.

Les actions de cette nature sont aussi parfois objet d'éloge quand on souffre avec constance quelque chose de honteux ou d'affligeant en contrepartie de grands et beaux avantages ; dans le cas opposé, au contraire, elles sont objet de blâme, car endurer les plus grandes indignités pour n'en retirer qu'un avantage nul ou médiocre est le fait d'une âme basse. Dans le cas de certaines actions, ce n'est pas l'éloge qu'on provoque, mais l'indulgence : c'est lorsqu'on accomplit une action qu'on ne doit pas faire, pour éviter des maux qui surpassent les forces humaines et que personne ne pourrait supporter. Cependant il existe sans doute des actes qu'on ne peut jamais être contraint d'accomplir, et auxquels nous devons préférer subir la mort la plus épouvantable : car les motifs qui ont contraint par exemple l'Alcméon d'Euripide à tuer sa mère apparaissent bien ridicules. Et s'il est difficile parfois de discerner, dans une action donnée, quel parti nous devons adopter et à quel prix, ou quel mal nous devons endurer en échange de quel avantage, il est encore plus difficile de persister dans ce que nous avons décidé, car la plupart du temps ce à quoi l'on s'attend est pénible et ce qu'on est contraint de faire, honteux ; et c'est pourquoi louange et blâme nous sont dispensés suivant que nous cédons ou que nous résistons à cette contrainte.

Quelles sortes d'actions faut-il dès lors appeler forcées ? Ne devons-nous pas dire qu'au sens absolu, c'est lorsque leur cause réside dans les choses hors de nous, et que l'agent n'y a en rien contribué ? Les actions qui, en elles-mêmes, sont involontaires, mais qui, à tel moment et en retour d'avantages déterminés, ont été librement choisies et dont le principe réside dans l'agent, sont assurément en elles-mêmes involontaires, mais, à tel moment et en retour de tels avantages, deviennent volontaires et ressemblent plutôt à des actions volontaires : car les actions font partie des choses particulières, et ces actions particulières sont ici volontaires. Mais quelles sortes de choses doit-on choisir à la place de quelles autres, cela n'est pas aisé à établir, car il existe de multiples diversités dans les actes particuliers.

Et si on prétendait que les choses agréables et les choses nobles ont une force contraignante (puisqu'elles agissent sur nous de l'extérieur), toutes les actions seraient à ce compte-là des actions forcées, car c'est en vue de ces satisfactions qu'on accomplit toujours toutes ses actions. De plus, les actes faits par contrainte et involontairement sont accompagnés d'un sentiment de tristesse, tandis que les actes ayant pour fin une chose agréable ou noble sont faits avec plaisir. Il est dès lors ridicule d'accuser les choses extérieures et non pas soi-même, sous prétexte qu'on est facilement capté par leurs séductions, et de ne se considérer soi-même comme cause que des bonnes actions, rejetant la responsabilité des actions honteuses sur la force contraignante du plaisir.

Ainsi donc, il apparaît bien que l'acte forcé soit celui qui a son principe hors de nous, sans aucun concours de l'agent qui subit la contrainte.

Éthique à Nicomaque, traduit du grec par J. Tricot, III, 1.
Paris, Vrin, 1959.

Aristote

Aristote fut l'élève de Platon. Il suivit son enseignement philosophique à l'Académie avant de fonder sa propre école : le Lycée. Alors qu'il parle d'abord des Platoniciens à la première personne du pluriel (« nous »), il emploie ensuite la troisième personne du pluriel (« eux »), indiquant par là sa distance, c'est-à-dire son désaccord avec la philosophie du « maître ». Cette remarque peut nous permettre de comprendre le sens et l'originalité de ce texte sur la distinction conceptuelle du volontaire et de l'involontaire. En effet, Aristote ne pose pas le problème *in abstracto*, indépendamment des circonstances de lieu ni surtout de temps. La construction du concept d'action volontaire ou involontaire doit « se référer au moment où elle s'accomplit ». Or, le principal reproche qu'Aristote adresse à Platon est précisément d'avoir prétendu traiter de l'action humaine en faisant abstraction du temps. Ce dernier tentait de saisir l'essence de « la » vertu en soi, orientant la raison vers l'Idée métaphysique de vertu, universelle, immuable et éternelle. Il devait bien y avoir quelque chose de commun à toutes les actions vertueuses qui autorise à les ramener, par-delà leurs différences, à une idée une de Vertu. C'est à cette prétention que s'en prend ici Aristote, inscrivant l'action humaine dans le cours du temps duquel Platon avait voulu l'abstraire. À cet égard, l'exemple de la tempête que prend Aristote à une valeur emblématique. Qu'est-ce en effet qu'une tempête sinon l'irruption imprévisible d'un événement avec lequel il faut bien faire ? Aristote pose le problème de l'action libre au milieu de ce contre quoi elle ne peut rien. Plus encore, une tempête ne ressemble pas à une autre. Chacune est radicalement singulière et contingente. Comment dès lors décider de toute éternité de la valeur morale d'une action prise dans un tel événement ? La tempête, véritable coup de théâtre du temps, réfute l'idéalisme platonicien. La vertu morale d'une action dépend de la question de savoir si celle-ci est volontaire ou involontaire. Nul ne louerait ni ne blâmerait une personne pour une action accomplie nécessairement. Blâme et louage reposent sur la liberté de la volonté. Et celle-ci « varie avec les circonstances de temps ». Avec Aristote, la philosophie se plonge dans cela même qui lui résiste le plus, à savoir le train contingent des événements. Plutôt que de chercher l'Idée abstraite de la vertu, la philosophie examine les différentes actions au cas par cas. Une action s'accomplit toujours dans une situation particulière, à tel moment. D'où l'erreur de la méthode platonicienne qui rangeait de force dans une même idée des actions essentiellement différentes. « Les actions, écrit Aristote, font partie des choses particulières », avant d'ajouter : « il existe de multiples diversités dans les actes particuliers ». Le singulier et le multiple donnent congé à l'universel et à l'Un. Ce n'est pas « dans l'absolu » qu'il faut déterminer le caractère volontaire ou involontaire d'une action – et à partir de là sa valeur morale –, mais en fonction du temps où elle a lieu. La morale n'est pas une science exacte, mais un savoir empirique qui disqualifie le théorème au profit de l'aventure.

DIOGÈNE

Le Chien

Un jour, un homme le fit entrer dans une maison richement meublée, et lui dit : « Surtout ne crache pas par terre. » Diogène, qui avait envie de cracher, lui lança son crachat au visage, en lui criant que c'était le seul endroit sale qu'il eût trouvé et où il pût le faire. On attribue parfois le mot à Aristippe. Un jour, il cria : « Holà ! des hommes ! » On s'attroupa, mais il chassa tout le monde à coups de bâton, en disant : « J'ai demandé des hommes, pas des déchets ! » (cf. Hécaton, *Sentences*, liv. 1). On cite ce mot d'Alexandre : « Si je n'étais Alexandre, je voudrais être Diogène ! » Les hommes dans le besoin n'étaient pas, à l'en croire, les sourds et les aveugles, mais ceux qui n'avaient pas de besace. Il entra un jour, à demi rasé, dans un banquet de jeunes gens, et reçut des coups (cf. Métroclès, *Sentences*) ; il inscrivit alors sur un tableau blanc les noms de ceux qui l'avaient frappé, et se promena par les rues, en le tenant devant soi, tout nu, jusqu'à ce qu'il leur eût rendu leurs outrages, en les exposant aux reproches et aux coups de la foule. Il disait être un des chiens les plus loués, et pourtant aucun de ceux qui faisaient son éloge n'osait l'emmener à la chasse. Quelqu'un lui dit : « Je battrai des hommes aux jeux Pythiques », et Diogène répondit : « Non, les hommes, c'est moi qui les bats. » On lui disait : « Tu es vieux, repose-toi », mais il répondait : « Si je faisais la course de fond dans le stade, devrais-je ralentir près du but, ou plutôt foncer vers lui de toutes mes forces ? » Convié à un festin, il refusa d'y assister, sous prétexte que la veille on ne le lui avait pas offert. Il marchait nu-pieds sur la neige, et supportait toutes sortes d'épreuves comme je l'ai dit plus haut. Il essaya même de manger de la viande crue, mais ne persista pas dans cette tentative.

Il rencontra une fois l'orateur Démosthène, qui déjeunait dans une auberge, et comme celui-ci cherchait à se cacher, Diogène lui dit qu'en le faisant il s'enfonçait davantage dans l'auberge. Il le montra du doigt à des étrangers qui voulaient le voir, en disant : « Voilà le conducteur du peuple athénien. »

Un homme avait laissé tomber son pain et n'osait pas le ramasser. Diogène voulut lui donner une leçon. Il attacha une bouteille par le goulot, et la traîna derrière lui dans le quartier du Céramique. Il prétendait imiter les maîtres de musique qui chantent un ton plus haut pour que les choristes parviennent à donner le ton juste. Les hommes, disait-il, montrent leur folie par leur doigt : qui tend le médius passe pour un fou, qui tend l'index, au contraire. Il remarquait avec étonnement que les choses les plus précieuses se vendent le moins cher et inversement. Ainsi on paie trois mille drachmes pour une statue, et pour deux sous on a de la farine. Il conseilla à Xéniade, qui l'acheta, de lui obéir, et comme l'autre répondait :

Les fleuves alors remontent vers leur source ?

Diogène répliqua : « Si tu avais acheté un médecin et que tu fusses malade, tu lui obéirais sans dire que les fleuves remontent vers leur source. »

Quelqu'un voulait étudier la philosophie avec lui. Diogène l'invita à le suivre par les rues en traînant un hareng. L'homme eut honte, jeta le hareng et s'en alla, sur quoi Diogène, le rencontrant peu après, lui dit en riant : « Un hareng a rompu notre amitié. » Dioclès raconte la scène d'une autre façon : un homme dit à Diogène : « Prescris-moi quelque chose. » Le philosophe prit un morceau de fromage et le lui donna à porter. L'homme refusa, et Diogène lui dit : « Un morceau de fromage a rompu notre amitié. »

Voyant un jour un petit garçon qui buvait dans sa main, il prit l'écuelle qu'il avait dans sa besace, et la jeta en disant : « Je suis battu, cet enfant vit plus simplement que moi. » Il jeta de même une autre fois son assiette pour avoir vu de la même façon un jeune garçon qui avait cassé la sienne faire un trou dans son pain pour y mettre ses lentilles.

Il tenait des raisonnements comme celui-ci : « Tout appartient aux dieux, or les sages sont les amis des dieux et entre amis tout est commun, donc tout appartient aux sages. » Voyant un jour une femme prosternée devant les dieux et qui montrait ainsi son derrière, il voulut la débarrasser de sa superstition. Il s'approcha d'elle et lui dit (*cf.* Zoïle de Pergée) : « Ne crains-tu pas, ô femme, que le dieu ne soit par hasard derrière toi (car tout est plein de sa présence) et que tu ne lui montres ainsi un spectacle très indécent ? » Il posta un gladiateur près de l'Asclépéion avec mission de bien battre tous ceux qui viendraient se prosterner bouche contre terre. Il avait coutume de dire que les imprécations des poètes tragiques étaient retombées sur lui puisqu'il était :

> *Sans ville, sans maison, sans patrie,*
> *Gueux, vagabond, vivant au jour le jour.*

Il affirmait opposer à la fortune son assurance, à la loi sa nature, à la douleur sa raison. Dans le Cranéion, à une heure où il faisait soleil, Alexandre le rencontrant lui dit : « Demande-moi ce que tu veux, tu l'auras. » Il lui répondit : « Ôte-toi de mon soleil ! » Un homme qui faisait une longue lecture, parvenu enfin au bout de son rouleau, montrait qu'il n'y avait plus rien d'écrit sur la page. « Courage, dit Diogène, je vois la terre. » Un autre lui démontrait par syllogisme qu'il avait des cornes, il se toucha le front et dit : « Je n'en vois pas. » Un autre jour où quelqu'un niait le mouvement, il se leva et se mit à marcher. Un philosophe parlait des choses célestes. « Depuis quand es-tu donc arrivé du ciel ? » lui demanda Diogène. Un méchant eunuque écrivait sur sa maison : « Qu'aucun méchant n'entre ici ! » « Mais, demanda Diogène, le maître de la maison, par où entrera-t-il ? » Il se frottait les pieds de parfum, disant que le parfum qu'on se met sur la tête monte au ciel ; si l'on veut qu'il vous vienne au nez, il faut donc se le mettre aux pieds. Les Athéniens voulurent l'initier aux mystères, et lui assuraient que les initiés avaient aux enfers les places d'honneur. Il leur dit : « Ce serait une plaisante chose qu'Agésilas et Épaminondas fussent là-bas dans le bourbier, et que le premier venu, s'il est initié, fût dans les îles des bienheureux ! »

Comme des souris couraient sur sa table, il dit : « Diogène lui aussi nourrit des parasites. » Platon l'appela chien. « Le nom me va bien, dit-il, car je suis revenu à ceux qui m'ont vendu. » Un jour où il sortait du bain, quelqu'un lui demanda s'il y avait vu beaucoup d'hommes ; il répondit : non, mais à un autre qui lui demandait s'il y avait foule, il répondit : oui. Platon ayant défini l'homme un animal à deux pieds sans plumes, et l'auditoire l'ayant approuvé, Diogène apporta dans son école un coq plumé, et dit : « Voilà l'homme selon Platon. » Aussi Platon ajouta-t-il à sa définition : « et qui a des ongles plats et larges ».

On lui demanda un jour à quelle heure il fallait manger : « Quand on est riche, répondit-il, on mange quand on veut, quand on est pauvre on mange quand on peut. » Voyant à Mégare des moutons portant toute leur laine et des enfants allant tout nus, il s'écria : « Il vaut mieux à Mégare être un bélier qu'un enfant. » Un jour un passant lui cria « Gare ! », mais quand il l'avait déjà heurté d'une poutre qu'il portait, et Diogène de lui dire : « Tu veux donc m'en donner un second coup ? » Les orateurs lui paraissaient les valets du peuple, et les couronnes des boutons donnés par cette fièvre : la gloire. Il se promenait en plein jour avec une lanterne et répétait : « Je cherche un homme. » Il était un jour trempé jusqu'aux os par la pluie, et comme on le prenait en pitié, Platon intervint et dit aux badauds : « Si vous avez vraiment pitié de lui, allez-vous-en » ; il soulignait par là l'orgueil de Diogène. Une autre fois, il reçut un coup de poing. « Par Hercule, s'écria-t-il, je ne me serais jamais douté qu'il me fallût avoir toujours la tête protégée d'un casque ! » Midias le roua de coups et lui cria : « Il y a trois mille drachmes pour toi chez mon banquier. » Diogène prit le lendemain un gantelet de pugiliste, lui rendit ses coups, et lui dit : « Tu as toi aussi tes trois mille drachmes chez mon banquier. » Lysias l'apothicaire lui demandait s'il croyait à l'existence des dieux. « Comment n'y croirais-je pas, dit-il, quand je te vois, toi le plus grand ennemi des dieux ? » On attribue parfois le mot à Théodore. Il vit une fois un homme qui se purifiait à grande eau, et il lui dit : « Malheureux, toute cette eau ne réussirait même pas à laver tes fautes de grammaire, et tu t'imagines pouvoir laver toutes les fautes que tu as commises pendant ta vie ! » Il reprochait aux hommes leurs prières, parce qu'ils demandaient des biens apparents et non des biens réels. À ceux que les songes effrayaient, il disait : « Vous ne vous souciez pas de ce que vous voyez pendant la veille, pourquoi vous inquiéter des choses imaginaires qui vous apparaissent dans le sommeil ? » Aux jeux olympiques, le héraut ayant proclamé : « Dioxippe a vaincu les hommes », Diogène répondit : « Il n'a vaincu que des esclaves ; les hommes, c'est mon affaire. »

Les Athéniens l'aimaient beaucoup. Ils fessèrent un jeune homme qui avait brisé son tonneau, et remplacèrent le tonneau. Denys le stoïcien raconte que, fait prisonnier à Chéronée, il fut conduit auprès de Philippe. Le roi lui demanda qui il était et Diogène répondit : « Je suis l'espion de ton avidité. » Philippe en fut tout éberlué et lui rendit la liberté. Alexandre ayant envoyé une lettre à Antipatros, à Athènes, par l'intermédiaire d'un messager qui s'appelait Piteux, Diogène, qui se trouvait là à son arrivée, dit :

Piteux, tu viens piteusement à un piteux de la part d'un piteux.

Perdicax le menaça de le faire mourir s'il ne se décidait pas à venir le voir. Il répondit : « Ce n'est pas fort ; un scarabée, une tarentule en feraient autant. Que ne m'as-tu fait cette menace : même sans toi, je puis vivre heureux ! » Il criait souvent et à tous les échos que les dieux ont donné à l'homme une vie facile, mais qu'elle ne consiste pas à rechercher les boissons fines, les parfums, et les autres jouissances de ce genre. Aussi, voyant un jour un homme qui se faisait chausser par son esclave, lui dit-il : « Tu n'es pas encore heureux, si tu ne te fais pas moucher aussi ; cela viendra, quand tu seras devenu manchot. » Ayant vu un autre jour des gardiens des archives sacrées emmener en prison un homme qui avait volé une coupe au trésor, il dit : « Voilà de grands voleurs qui en emmènent un petit. »

La vue d'un enfant qui jetait des pierres contre un gibet lui fit dire : « Courage, tu finiras par atteindre le but ! » Des jeunes gens qui l'entouraient disaient : « Prenons garde qu'il ne nous morde ! » – « Ne craignez rien, garçons, leur dit-il, un chien ne mange pas de bettes. » Quelqu'un se glorifiait d'avoir sur le dos une peau de lion. « Cesse donc, lui dit-il, de déshonorer la couverture de la vertu. » Quelqu'un trouvait Callisthène heureux d'être reçu par Alexandre avec munificence. « Non, dit Diogène, il faut le plaindre, car il ne déjeune et ne dîne que quand il plaît à Alexandre. » Quand il avait besoin d'argent et qu'il s'adressait à ses amis, il ne leur demandait pas de lui en donner, mais de lui en rendre.

Un jour où il se masturbait sur la place publique, il s'écria : « Plût au ciel qu'il suffît aussi de se frotter le ventre pour ne plus avoir faim ! » Voyant un jeune homme qui s'en allait déjeuner avec des satrapes, il l'en empêcha, le tira à part, le ramena chez ses parents et leur conseilla de le surveiller. À un autre garçon qui s'était fardé et qui lui posait une question, il déclara qu'il lui répondrait seulement quand il se serait mis tout nu, et qu'il pourrait voir si son interlocuteur était un homme ou une femme. Il dit à un autre qui au bain jouait au cottabe : « Mieux tu feras, pis ce sera. » Pendant un repas, on lui jeta des os comme à un chien ; alors, s'approchant des convives, il leur pissa dessus comme un chien. Aux orateurs et à tous ceux qui avaient quelque réputation d'éloquence, il donnait le nom de trois fois hommes, c'est-à-dire de trois fois malheureux. Un riche ignorant était pour lui un mouton à toison d'or. Voyant sur la maison d'un libertin l'écriteau : « À vendre », « Je savais bien, dit-il, que tu étais à vendre, et tu vomirais facilement ton maître, ô maison, tant tu as l'estomac lourd d'ivrognerie. » Un garçon se plaignait à lui de recevoir des propositions de trop de gens, il lui dit : « Tais-toi donc, et ne montre pas partout les indices de tes désirs impurs. » Étant entré dans un bain malpropre, il demanda : « Ceux qui se sont baignés ici, où se lavent-ils ? »

Il louait un fort gaillard, joueur de cithare, dont tout le monde se gaussait, et comme on lui en demandait la raison, il la donna : « C'est parce que, fort comme il est, il joue de la cithare, et ne songe pas à faire le brigand. » Un autre faisait toujours fuir son auditoire, et Diogène quand il le rencontrait lui disait : « Bonjour, coq. » L'autre lui demanda pourquoi il l'appelait ainsi. « C'est que ton chant éveille tout le monde ! » Un jour où un jeune garçon s'exhibait devant la foule, il vint se mettre en face de lui, après avoir rempli sa tunique de fèves, et il se mit à les manger. La foule laissa le jeune homme et fit cercle autour de Diogène, qui s'étonna alors de la voir abandonner l'homme qui s'exhibait. Un homme superstitieux lui dit une fois : « Je te casserais la tête d'un seul coup. » « Et moi, lui dit Diogène, il me suffira d'éternuer à gauche pour te faire trembler. » Hégésias lui demanda de lui donner un de ses livres. Diogène lui dit : « Tu es fou, Hégésias, toi qui prends les vraies figues et non pas les figues peintes, de laisser l'exercice vivant pour l'exercice écrit ! » On lui reprochait son exil. « C'est grâce à lui, dit Diogène, que je suis devenu philosophe. » Et comme un autre à son tour lui disait : « Les gens de Sinope t'ont chassé de chez eux », il répondit : « Moi, je les condamne à rester chez eux. » Il vit un jour un berger vainqueur aux jeux olympiques. « Mon brave, lui dit-il, tu vas maintenant quitter les jeux olympiques pour les jeux néméens. » On lui demandait pourquoi les athlètes sont insensibles : « Parce qu'ils sont gavés de viande de bœuf et de cochon. » Il demanda un jour qu'on lui élevât une statue, et quand on lui demanda pourquoi il avait fait une telle demande, il répondit que c'était pour avoir le plaisir de se la voir refuser. Tombé un jour dans le dénuement, il demanda l'aumône pour la première fois, et il dit : « Si tu donnes aux autres, donne-moi aussi, et si tu ne donnes pas aux autres, commence par moi. » Un tyran lui demandait quel était le meilleur bronze pour faire une statue : il répondit que c'était celui dans lequel on avait fondu la statue d'Harmodios et d'Aristogiton, les tyrannicides. On lui demandait comment Denys traitait ses amis : « Il en use, dit-il, comme il use des bouteilles, quand elles sont pleines, il les caresse ; quand elles sont vides, il les jette. » Un jeune marié avait écrit sur sa porte :

Le fils de Zeus, Hercule aux belles victoires,
Vit céans, qu'il n'y entre aucun mal.

Diogène ajouta : « Après la guerre vient l'alliance. »

Il prétendait que l'amour de l'argent était la citadelle de tous les maux. Voyant un libertin manger des olives dans une auberge, il lui dit : « Si tu n'avais mangé que des olives à ton déjeuner, ce dîner ne te suffirait pas ! »

Selon lui les gens de bien étaient des images des dieux et l'amour une occupation d'oisifs. On lui demandait ce qui était pénible dans la vie : « Vieillir sans ressources » ; quelle bête avait la morsure la plus terrible : « Chez les bêtes sauvages c'est le sycophante, chez les animaux domestiques c'est le flatteur. » Voyant deux centaures mal peints, il demanda lequel des deux était le Pire. Un discours flatteur était pour lui un lacet enduit de miel. Il appelait le ventre la Charybde de la vie. Il entendit dire un jour que le joueur de flûte Testicule avait été convaincu d'adultère. « Il mérite d'être pendu par son nom », dit-il. On lui demandait pourquoi l'or était pâle : « C'est parce que beaucoup de gens lui en veulent », répondit-il. Voyant passer une femme en litière, il s'écria : « Ce n'est pas là la cage qu'il faut à cette bête. » Un esclave fugitif était assis sur la margelle d'un puits : « Jeune homme, lui dit-il, prends garde d'y tomber ! » Voyant au bain un enfant qui avait volé un vêtement, il lui demanda s'il était venu pour se faire frotter ou pour voler un autre manteau. Voyant des femmes pendues à des oliviers, il fit cette remarque : « Plût au ciel que tous les arbres eussent de tels fruits ! » Il dit à un détrousseur d'habits :

Que cherches-tu, mon brave, voudrais-tu dépouiller les morts ?

On lui demandait s'il avait valet et servante, il répondit non. « Mais si tu meurs, lui dit-on, qui t'enterrera ? » – « Celui qui aura envie de ma maison » dit-il. Passant auprès d'un beau garçon qui dormait sans prendre garde, il lui dit :

Éveille-toi,
Pour ne pas recevoir, pendant ton sommeil, un coup de lance dans
[le derrière !

Il dit à un autre qui préparait un riche dîner : « Tu mourras jeune, mon fils, si tu achètes tant de choses. » Platon, parlant des idées, nommait l'idée de table et l'idée de tasse. « Pour moi, Platon, dit Diogène, je vois bien la tasse et la table, mais je ne vois pas du tout l'idée de table ni l'idée de tasse. » « Bien sûr, répliqua Platon, car pour voir la table et la tasse tu as les yeux, mais pour voir les idées qui leur correspondent, il te faudrait plus d'esprit que tu n'en as. » (Quand on demandait à Platon ce qu'il pensait de Diogène, il répondait : « C'est un Socrate devenu fou. ») On demandait à Diogène à quel âge il faut prendre femme, il répondait : « Quand on est jeune, il est trop tôt, quand on est vieux il est trop tard. » On lui demandait encore : « Que faire, quand on a reçu une gifle ? » « Prendre un casque », disait-il. Il dit à un jeune garçon qui s'était fardé : « Si c'est pour aller voir des hommes, tu es un pauvre homme, si c'est pour aller voir des femmes, tu es un infâme. » Il dit à un jeune homme qui rougissait : « Bravo, c'est la couleur de la vertu. » Ayant entendu discuter deux plaideurs, il les condamna tous les deux, l'un pour avoir volé ce que l'autre réclamait, l'autre pour réclamer quelque chose qu'on ne lui avait pas volé. On lui demandait un jour quel était son vin préféré, il répondit : « Celui des autres. » Un autre lui dit : « Tout le monde se moque de toi. » « Cela ne me touche pas, » dit-il.

Quelqu'un lui disait : « Vivre est un mal. » « Non, dit-il, mais mal vivre. » On lui conseillait de rechercher son esclave qui s'était enfui. « Ce serait une plaisante chose, dit-il, que Manès pût vivre sans Diogène, et que Diogène ne pût pas vivre sans Manès. » Un jour où il mangeait des olives, on lui offrit des gâteaux, il les jeta en disant :

Ô mon hôte, chasse de ma route les tyrans

et encore :

Il le fouetta pour le faire courir.

On lui demandait quelle sorte de chien il était. « Quand j'ai faim, je suis un pauvre roquet de Mélita ; quand j'ai mangé, je suis un gros Molosse, et que l'on n'ose pas emmener avec soi à la chasse, tant on a de peine à le tenir. » Il ajoutait : « Ainsi, vous ne pouvez pas vivre avec moi, car vous craignez les coups de dents. » On lui demandait si les sages mangeaient du gâteau. « Ils mangent de tout comme le reste des hommes », dit-il. On lui demandait encore pourquoi on donnait aux mendiants et non aux philosophes, il répondit : « Parce qu'on estime qu'on pourra devenir soi-même boiteux ou aveugle, mais on sait bien qu'on ne deviendra jamais philosophe. » Il dit à un avare à qui il demandait l'aumône, et qui tardait à le satisfaire : « Donne-moi de la nourriture et non pas une sépulture. »

À qui lui reprochait un jour d'avoir fait de la fausse monnaie, il dit : « Il fut en effet un temps où je vous ressemblais, mais vous ne serez jamais ce que je suis maintenant. » À un autre qui lui faisait le même reproche, il répondit : « Il fut un temps où j'étais prompt à convoiter, ce temps n'est plus. » Il alla un jour à Myndes et s'étonna de voir une si petite ville fermée par de si grandes portes, et il dit : « Gens de Myndes, fermez bien les portes, que votre ville ne se sauve pas ! » Il vit prendre sur le fait un voleur qui venait de dérober une étoffe pourpre, et récita :

Il a succombé à un destin pourpre et à une dure Destinée.

Cratère l'avait invité à venir le voir. « Je préfère, lui dit-il, lécher du sel à Athènes, à venir m'asseoir à l'opulente table de Cratère. » Rencontrant l'orateur Anaximène, qui était obèse, il lui dit : « Donne-moi ton ventre, tu seras allégé d'autant, et tu me rendras service, car je suis gueux. » Une fois où cet orateur faisait un discours, il sortit un hareng saur et attira à lui tout l'auditoire, et comme l'orateur s'indignait, « Voilà qu'un hareng saur d'un sou a coupé les effets d'Anaximène », dit Diogène. On lui reprochait un jour d'avoir mangé en pleine place. « N'ai-je pas eu faim sur la place ? » répliqua-t-il.

On lui attribue parfois aussi le mot que j'ai cité plus haut et que voici. Platon, qui le vit laver de la salade, s'approcha et lui dit doucement : « Si tu avais été aimable pour Denys, tu ne laverais pas de la salade », sur quoi Diogène lui répondit sur le même ton : « Et toi, si tu avais lavé ta salade, tu n'aurais pas été l'esclave de Denys. »

Quelqu'un lui disait : « Tout le monde se moque de toi. » Il répondit : « Et peut-être aussi les ânes se moquent-ils de ces gens-là, mais ils ne font pas attention aux ânes, et moi je ne fais pas attention à eux. » Ayant entendu un beau garçon s'entretenir de philosophie, il le loua de vouloir transformer en amants de son esprit les amants de son corps. Quelqu'un s'étonnait de voir tant d'ex-voto à Samothrace. « Il y en aurait bien davantage, dit Diogène, si ceux qui n'ont pas été exaucés en avaient aussi consacré. » Cette réponse est quelquefois attribuée à Diogoras de Mélos. Il dit à un jeune garçon qui s'en allait à un festin : « Tu en reviendras Pire », et comme le lendemain l'autre lui disait : « Me voilà et je n'en suis pas pire », il lui répondit : « Tu n'es pas Pire, mais tu es Plus large. »

Il demandait l'aumône à un homme morose, qui lui dit : « Je te donnerai si tu me persuades », à quoi Diogène répondit : « Si je pouvais le faire, je te persuaderais plutôt d'aller te pendre. »

Au retour à Athènes d'un voyage à Sparte, on lui demanda où il allait et d'où il venait, il répondit : « Je reviens de chez des hommes, et j'arrive chez des femmes. » À son retour des jeux olympiques, on lui demanda s'il y avait foule : « Oui, dit-il, mais les hommes étaient rares. »

Il disait des débauchés qu'ils étaient semblables aux figuiers qui poussent au bord des précipices, l'homme ne peut en goûter le fruit, ils sont mangés par les corbeaux et les vautours. La courtisane Phryné avait consacré une statue d'or à Aphrodite, Diogène y mit cette inscription : « En souvenir de l'incontinence des Grecs. » Alexandre le rencontrant un jour lui dit : « Je suis le grand roi Alexandre. » Diogène alors se présenta : « Et moi je suis Diogène, le chien. » On lui demanda pourquoi il était appelé chien : « Parce que je caresse ceux qui me donnent, j'aboie contre ceux qui ne me donnent pas, et je mords ceux qui sont méchants. »

Diogène Laërce,
Vie, doctrines et sentences des philosophes illustres,
traduit du grec par R. Genaille, « Diogène ».
Paris, G-F, 1965.

Diogène

Le nom de Diogène désigne une foule d'anecdotes avant de signifier une doctrine. Diogène donne des coups de dents ou de bâton, aboie, crache, se masturbe sur la place publique. En lui, la philosophie et l'anecdote ne font plus qu'un. La parole se fait geste. Voici Diogène : une anecdote ambulante. Et un accoutrement : une besace, un manteau, et, bien sûr, un bâton. Trois fois rien. Son portrait tient en peu de mots :

> « Sans ville, sans maison, sans patrie,
> Gueux, vagabond, vivant au jour le jour ».

Ceux qui le traitent de « chien » ne croient pas si bien dire : Diogène est emporté par un devenir-chien qui n'a rien de métaphorique. C'est que la philosophie ne peut plus se réfugier dans la contemplation des « choses célestes ». Sa seule et impérieuse affaire est la pratique quotidienne du bonheur, lequel est une question d'actualité, c'est-à-dire d'action bien plutôt que de théorie. Aussi la dimension théorique elle-même de la philosophie cynique ressortit-elle encore et toujours à la pratique. Aux partisans d'un être sans devenir qui nient la réalité du mouvement, Diogène n'oppose pas un argument mais une action : il se lève et marche. Le mouvement ne se prouve pas, il se constate. À ce sens pratique qui définit sa philosophie, Diogène associe un sens de la singularité constitutive de chaque chose. Le réel n'est pas autre chose qu'un catalogue de choses singulières que par habitude nous regroupons dans ces tiroirs de notre langage que sont les noms communs. Nous disons « la » table, « le » bâton, « le » chien, lorsqu'en réalité il n'existe pas de genres mais seulement des individus : cette table, ce bâton, ce chien-ci. C'est là le sens du coup de bâton philosophique que Diogène assène à la doctrine platonicienne des Idées selon laquelle chaque chose tient son essence de l'Idée dont elle participe. Si nous appelons également « table » cette table-ci et cette table-là, c'est bien, pense Platon, qu'il doit exister quelque chose de commun à l'une et à l'autre, et ce « quelque chose », cette entité universelle qui subordonne la multiplicité des choses singulières à une classe une, c'est l'Idée. Mais qu'est-ce donc que ces Idées ? Des noms auxquels ne correspond aucune des choses du monde : « je vois bien la tasse et la table, dit Diogène à Platon, mais je ne vois pas du tout l'idée de table ni l'idée de tasse ». Diogène ! cesse de faire l'âne, rétorque Platon : « pour voir la table et la tasse tu as les yeux, mais pour voir les idées qui leur correspondent, il te faudrait plus d'esprit que tu n'en as ». Le verdict de Platon au sujet de Diogène est sans appel : « c'est un Socrate devenu fou ». Force est toutefois de reconnaître que, si tel est le cas, l'histoire de la philosophie constitue pour une bonne part une maison de fous : nombreux seront les philosophes qui verront dans la singularité la griffe même de la réalité des choses. Derrière l'invective platonicienne, il faut identifier un désaccord proprement philosophique. Socrate représente en effet dans l'œuvre de Platon la figure du Citoyen qui assure l'unité de la Cité que ses concitoyens mettent en péril. Diogène figure, à l'opposé, la résistance opiniâtre de l'individu à l'unité politique. Le moindre de ses gestes est un coup d'État qui défait le lien social. Il est ce sans patrie, ce nomade sur lequel le pouvoir n'a pas de prise. C'est à nouveau une anecdote fameuse qui nous le dit : Alexandre le Grand croise Diogène sur son chemin et lui demande ce qu'il veut. Diogène ne veut rien, mais se contente de lancer un ordre à ce puissant : « Ôte-toi de mon soleil ! »

LUCRÈCE

L'Amour

Voilà pour nous Vénus, voilà ce qu'on nomme l'amour,
voilà cette douceur qu'en nos cœurs goutte à goutte
Vénus a distillée, puis vient le froid souci :
que l'aimé soit absent, ses images pourtant
sont présentes, son nom hante et charme l'oreille.
Mais il convient de fuir sans cesse les images,
de repousser ce qui peut nourrir notre amour,
de tourner ailleurs notre esprit et de jeter
en toute autre personne le liquide amassé,
au lieu de le garder, au même amour voué,
et de nous assurer la peine et la souffrance.
À le nourrir, l'abcès se ravive et s'incruste,
de jour en jour croît la fureur, le mal s'aggrave
si de nouvelles plaies n'effacent la première,
si tu ne viens confier au cours d'autres voyages
le soin des plaies vives à la Vénus volage
et ne transmets ailleurs les émois de ton cœur.

Fuir l'amour n'est point se priver des joies de Vénus,
c'est au contraire en jouir sans payer de rançon.
Oui ! la volupté est plus pure aux hommes sensés
qu'à ces malheureux dont l'ardeur amoureuse
erre et flotte indécise à l'instant de posséder,
les yeux, les mains ne sachant de quoi d'abord jouir.
Leur proie, ils l'étreignent à lui faire mal,
morsures et baisers lui abîment les lèvres.
Impure, leur volupté cache des aiguillons
les incitant à blesser l'objet, quel qu'il soit,
d'où surgissent ces semences de leur fureur.
Mais, légère, Vénus, à l'instant de l'amour,
vient briser la peine, tandis que la volupté
mêlant ses caresses refrène les morsures.
De là vient l'espoir que l'origine de cette ardeur,
le corps qui l'alluma, puisse en éteindre le brasier.
Mais la nature proteste qu'il advient le contraire,

et c'est bien le seul cas où plus nous possédons,
plus notre cœur brûle d'un funeste désir.
Nourriture et boisson absorbées par le corps
peuvent y occuper certaines parties.
Ainsi se comble aisément le désir d'eau et de pain.
Mais d'un beau visage et d'un teint frais, rien ne pénètre
pour réjouir le corps, hormis des simulacres
ténus, espoirs souvent emportés par le vent, pauvrets !
Vois l'homme que la soif en son rêve dévore :
pour éteindre ce feu, aucune eau n'est donnée,
mais il recourt à des images, s'acharne en vain,
mourant de soif au fond du torrent où il boit.
Tels les amants, jouets des images de Vénus :
leurs yeux ne pouvant se rassasier d'admirer,
leurs mains rien arracher aux membres délicats,
ils errent incertains sur le corps tout entier.
Unis enfin, ils goûtent à la fleur de la vie,
leurs corps pressentent la joie, et déjà c'est l'instant
où Vénus ensemence le champ de la femme.
Cupides, leurs corps se fichent, ils joignent leurs salives,
bouche contre bouche s'entre-pressent des dents, s'aspirent,
en vain : ils ne peuvent rien arracher ici
ni pénétrer, entièrement dans l'autre corps passer.
Par moments on dirait que c'est le but de leur combat
tant ils collent avidement aux attaches de Vénus
et, leurs membres tremblant de volupté, se liquéfient.
Enfin jaillit le désir concentré en leurs nerfs,
leur violente ardeur s'apaise un court instant,
puis un nouvel accès de rage et de fureur les prend
tandis qu'ils se demandent ce qu'ils désirent atteindre
et ne trouvent aucun moyen de terrasser leur mal,
tant les ronge incertains une blessure aveugle.
Ajoute qu'ils se consument et meurent à la peine,
que leur vie est soumise aux volontés d'une autre ;
leurs biens vont en fumée, en tapis de Babylone,
leurs devoirs languissent, leur renommée chancelle.
À leurs pieds parfumés rient des merveilles, de Sicyone
bien sûr ! De grosses émeraudes dans l'or serties
jettent des feux verdâtres et leur vêtement de pourpre
s'use à toujours boire la sueur de Vénus.
L'honnête patrimoine devient bandeaux et mitres,
se change en robes, tissus d'Élide ou de Céos,
festins plantureux, tables richement parées, jeux,

coupes abondantes, parfums, couronnes et guirlandes.
En vain ! Surgissant de la source des plaisirs,
parmi les fleurs mêmes, une amertume les point :
tantôt leur conscience éprouve le remords
d'une vie paresseuse et perdue en débauches,
tantôt une parole ambiguë lancée par la belle
s'enfonce en leur cœur passionné, vivante brûlure,
une œillade encore, un regard vers un autre,
la trace d'un sourire, autant d'ardents soupçons.

Voilà quels maux on trouve dans un amour juste et comblé.
S'il est contraire et sans espoir, lors innombrables
tu les découvrirais même les yeux bandés.
Aussi vaut-il mieux, comme je l'ai montré,
être sur ses gardes pour échapper aux pièges.
Car éviter de tomber dans les rets de l'amour
est moins difficile que de s'en dégager
et de briser les nœuds si puissants de Vénus.
Pourtant, même pris et entravé, tu peux encore
échapper au danger, si tu n'as de toi-même fait obstacle
en négligeant d'emblée tous les défauts physiques
ou moraux de celle que tu courtises et veux.
Ainsi font les hommes que le désir aveugle :
ils prêtent à celles qu'ils aiment des mérites irréels.
On voit donc des femmes laides et repoussantes
dorlotées et tenues dans le plus grand honneur.
Chacun se rit de l'autre, pourtant, et lui conseille
d'apaiser Vénus qui l'afflige d'un amour honteux.
Malheureux qui ne voient l'excès de leur misère !
Noire, elle est couleur miel, sale et puante, naturelle ;
yeux glauques, c'est Pallas, nerveuse et sèche, une gazelle ;
la naine paraît une des Grâces, à croquer,
la géante une déesse pleine de majesté ;
la bègue gazouille, la muette est modeste ;
la mégère odieuse et bavarde, ardente flamme ;
petite chose adorable, celle qui dépérit
de maigreur ; délicate, celle qui tousse à mourir ;
la grosse mamelue, Cérès accouchée de Bacchus ;
la camarde, Silène et Satyre, pur baiser la lippue.
Mais je serais trop long si je voulais tout dire.

Eh bien soit : son visage a toute la grâce possible,
le charme de Vénus de tout son corps émane.

Est-elle la seule ? N'avons-nous donc vécu sans elle ?
N'a-t-elle assurément mêmes défauts qu'un laideron ?
La malheureuse exhale une odeur repoussante,
ses servantes s'enfuient et se rient en cachette,
mais l'amant éconduit pleurant devant sa porte
souvent couvre le seuil de fleurs et de guirlandes,
parfume de marjolaine les montants implacables
et plante ses baisers, pauvre homme, au cœur du bois !
Toutefois, s'il était reçu, dès le premier effluve
il chercherait pour fuir une excuse honorable.
Adieu, l'élégie profonde et longtemps méditée :
il maudirait sa sottise d'avoir à la belle prêté
plus qu'il ne convient d'accorder à une mortelle.
Et nos Vénus le savent bien, qui mettent tant de soin
à toujours dérober les coulisses de leur vie
aux amants qu'elles veulent maintenir enchaînés.
En vain, puisque ton esprit est néanmoins capable
de tirer tout au clair, perçant ces ridicules ;
mais, quand la femme a bel esprit et n'est pas odieuse,
ferme les yeux et pardonne à l'humaine nature.

Non, elle ne soupire pas toujours d'un amour feint
quand elle tient l'homme corps à corps enlacé
et, suçant ses lèvres, les mouille de baisers.
Souvent femme est sincère et sa quête des joies
mutuelles incite à la course d'amour.
Jamais les oiseaux, les fauves, les bestiaux petits ou gros,
les juments ne pourraient se soumettre aux mâles
si leur nature, brûlant, débordant, n'entrait en rut
et ne jouissait du plaisir donné aux assaillants.
Ne vois-tu quels tourments, dans leurs chaînes communes,
peuvent éprouver ceux qu'un mutuel plaisir étreint ?
Que de fois aux carrefours deux chiens voulant se séparer
de toutes leurs forces tirent en sens contraire,
ne pouvant s'arracher aux liens puissants de Vénus !
Jamais d'union s'ils ne connaissaient des joies partagées,
assez fortes pour les leurrer et les tenir au piège.
Oui, encore une fois, la volupté est mutuelle.

Lors du mélange des semences, si, éclatant soudain,
la force de la femme domine la force mâle,
la semence maternelle rend semblable à la mère,
de même qu'au père la semence paternelle.

Il en est que tu vois tenir de l'un et de l'autre :
mêlant les traits des deux parents, ils sont formés
du corps de leur père et du sang de leur mère
quand l'ardeur mutuelle a conspiré harmonieusement
à la rencontre des semences stimulées par Vénus
et qu'aucun des parents n'est vainqueur ni vaincu.
Parfois aussi les enfants ressemblent à un aïeul,
parfois même ils reproduisent les traits d'un bisaïeul,
parce que maints atomes diversement mêlés
se cachent dans le corps des parents, depuis la souche
originelle se transmettant de père en fils.
Ainsi donc Vénus tire au sort les diverses formes
et reproduit les traits, voix et chevelures d'aïeux
puisque tout cela vient d'une semence non moins
certaine que nos faces, nos corps et nos organes.
Et de la semence paternelle une fille peut naître,
comme un mâle se former de substance féminine.
Car sans double semence point d'enfantement,
mais toute créature ressemble davantage
à qui lui en donne plus de la moitié, vois-tu,
que la descendance soit mâle ou femelle.

Ce ne sont pas les dieux qui refusent à un homme
la semence féconde et le privent du doux nom de père
pour qu'il passe sa vie en stériles amours,
comme on le croit souvent, témoins ces hommes éplorés
qui de sang aspergent les autels et brûlent des offrandes
pour que d'un sperme abondant ils engrossent leur femme.
En vain fatiguent-ils les dieux et leurs oracles :
la stérilité est due à un sperme trop épais
ou bien au contraire trop liquide et subtil.
Trop subtil, en la place il ne peut rester fiché
mais s'écoule aussitôt et repart infécond.
Trop épais, au contraire, ayant consistance excessive,
dès l'essor il ne vole ni ne frappe assez loin
ou ne peut pénétrer comme il faut et, même s'il pénètre,
à la semence de la femme il se mêle à grand-peine.
Les harmonies de l'amour sont en effet très diverses.
Tel engrosse plutôt telle femme et certaines
deviennent par certains plus aisément gravides.
Beaucoup furent stériles en plusieurs hyménées
mais trouvèrent plus tard l'homme qui leur donna
d'enfanter et de s'enrichir d'une douce lignée.

Des maris à leur tour dont les femmes fécondes
n'avaient pu concevoir rencontrèrent enfin
la nature assortie capable d'assurer
à leur vieillesse le réconfort d'enfants.
Tant il importe que les semences s'adaptent
aux semences pour se mêler fertilement,
l'épaisse à la fluide et la fluide à l'épaisse.
En cela le régime importe également.
Certains aliments concentrent la semence du corps,
d'autres au contraire l'exténuent et la décomposent.
Mais la manière dont s'obtient la douce volupté
importe aussi beaucoup : on croit communément
qu'en la position des bêtes, des quadrupèdes,
il est plus facile de féconder l'épouse
parce que, poitrine baissée, reins soulevés,
ainsi dans la place se logent les semences.
Nul besoin pour une épouse de mouvements lascifs :
car une femme entrave et combat la grossesse
lorsque, jouant des fesses, joyeuse elle stimule
la jouissance de l'homme et la fait jaillir à flots,
tandis qu'elle se démène à s'en désosser la poitrine.
Elle dévie le soc et le jette hors du droit sillon,
empêchant le sperme de se loger au but.
Pour s'agiter ainsi les filles ont leurs raisons :
ne pas être souvent grosses, en gésine alourdies,
et rendre Vénus même aux hommes plus dispose.
Nos épouses n'ont donc nul besoin de cela.

Si l'on aime parfois femmelette assez laide,
nul miracle divin ni flèches de Vénus.
Oui, par sa conduite parfois, sa bonne humeur,
le soin de sa personne, la femme parvient seule
à nous donner le goût de partager sa vie.
De plus, l'habitude nous dispose à l'amour
car les chocs les plus faibles quand ils sont répétés
finissent par triompher de toute résistance.
Vois les gouttes d'eau sur les pierres tombant :
ne percent-elles pas, au long des jours, la pierre ?

De la nature,
traduit du latin par J. Kany-Turpin, IV, 1058-1287.
Paris, G-F, 1997.

Lucrèce

Lucrèce fait passer la philosophie d'Épicure de la langue rationnelle grecque à la poésie latine. Il ne se contente pas de la transposer fidèlement en bon disciple, il lui fait subir une transformation profonde en élevant le concept à la puissance de l'affect, transformation qui la fait accéder à sa perfection. Chez lui, le discours philosophique ne s'adresse plus seulement à la faculté de comprendre mais encore et surtout à celle d'éprouver. L'idée saisit, frappe, touche. Elle se goûte davantage qu'elle ne se pense. Ce faisant, Lucrèce accomplit la philosophie du « maître » qui voyait lui-même dans le franc-parler l'élément même de la vérité, reconnaissant à la parole brève, incisive un primat sur l'exposé théorique pur. D'où le goût d'Épicure lui-même pour la forme de la maxime.

Le principe et la fin de la philosophie épicurienne résident dans le plaisir. Aussi a-t-elle pour cible privilégiée tout ce qui fait obstacle au plaisir (la crainte des dieux ou de la mort notamment). Dans ces conditions, on comprend l'intérêt tout particulier qu'elle porte à l'amour, cette passion qui tire le plus grand des malheurs de « la source des plaisirs ». Le propre de l'amour est de promettre le plus grand des plaisirs mais de n'offrir, en réalité, que douleurs, tristesse et angoisse. Le souci, qui suspend la perception de ce qui est ici et maintenant au profit de l'attention à ce qui peut, pourrait ou aurait pu être, est le ressort même de l'amour. L'amoureux est assujetti à une véritable tyrannie du possible :

> « que l'aimé soit absent, ses images pourtant
> sont présentes, son nom hante et charme l'oreille ».

Toujours aux aguets, l'imagination assiégée par l'amour est absente au présent et présente à l'absence. La jalousie, qui suit l'amour comme son ombre, porte cette frénésie du possible à son comble :

> « tantôt une parole ambiguë lancée par la belle
> s'enfonce en leur cœur passionné, vivante brûlure,

> une œillade encore, un regard vers un autre,
> la trace d'un sourire, autant d'ardents soupçons ».

Le jaloux ne perçoit pas les choses pour elles-mêmes mais les métamorphose en autant d'indices d'une trahison possible. Tel geste, telle parole, tel regard, bref le moindre détail lui apparaît comme un indice du « peut-être » qui le ronge. Forme passionnelle du doute, le soupçon dégénère insensiblement en crainte maladive. Il devance les malheurs et nous les fait éprouver avant même qu'ils soient arrivés. Parce que tout est possible, tout est soupçonnable. La jalousie scrute moins le réel qu'elle ne l'invente. Son délire est d'interprétation. Voilà le jaloux : un Sherlock Holmes devenu fou !

Ainsi la passion amoureuse nous projette au-delà du présent, dans la région des possibles qui gâtent nos joies actuelles en faisant planer sur elles la menace de la trahison. Enfin, l'amour perçoit le réel dans le miroir déformant de l'imagination : à l'oreille troublée de l'amoureux, la femme qui bégaie ne bégaie pas, elle « gazouille », et la naine n'est pas une naine, mais, comme le dira Molière citant Lucrèce dans *Le Misanthrope*, « un abrégé des merveilles des cieux ». Si la philosophie épicurienne désigne le plaisir comme ce qui met l'âme en paix avec elle-même, elle combat l'amour comme la passion qui plonge celle-ci dans un état de guerre.

Montaigne

L'Ami

Il n'est rien à quoy il semble que nature nous aye plus acheminé qu'à la société. Et dit Aristote que les bons legislateurs ont eu plus de soing de l'amitié que de la justice. Or le dernier point de sa perfection est cettuy-cy. Car, en general, toutes celles que la volupté ou le profit, le besoin publique ou privé forge et nourrit, en sont d'autant moins belles et genereuses, et d'autant moins amitiez, qu'elles meslent autre cause et but et fruit en l'amitié, qu'elle mesme.

Ny ces quatre especes anciennes : naturelle, sociale, hospitaliere, venerienne, particulierement n'y conviennent ny conjointement.

Des enfans aux peres c'est plutost respect. L'amitié se nourrit de communication qui ne peut se trouver entre eux, pour la trop grande disparité, et offenceroit à l'adventure les devoirs de nature. Car ny toutes les secretes pensées des peres ne se peuvent communiquer aux enfans pour n'y engendrer une messeante privauté, ny les advertissemens et corrections, qui est un des premiers offices d'amitié, ne se pourroyent exercer des enfans aux peres. Il s'est trouvé des nations où, par usage, les enfans tuoyent leurs peres, et d'autres où les peres tuoyent leurs enfans, pour eviter l'empeschement qu'ils se peuvent quelquefois entreporter, et naturellement l'un depend de la ruine de l'autre. Il s'est trouvé des philosophes desdaignans cette costure naturelle, tesmoing Aristippus : quand on le pressoit de l'affection qu'il devoit à ses enfans pour estre sortis de luy, il se mit à cracher, disant que cela en estoit aussi bien sorty ; que nous engendrions bien des pouz et des vers. Et cet autre, que Plutarque vouloit induire à s'accorder avec son frere : « Je n'en fais pas, dict-il, plus grand estat pour estre sorty de mesme trou. » C'est, à la verité, un beau nom et plein de dilection que le nom de frere, et à cette cause en fismes nous, luy et moy, nostre alliance. Mais ce meslange de biens, ces partages, et que la richesse de l'un soit la pauvreté de l'autre, cela detrampe merveilleusement et relasche cette soudure fraternelle. Les freres ayants à conduire le progrez de leur avancement en mesme sentier et mesme train, il est force qu'ils se hurtent et choquent souvent. D'avantage, la correspondance et relation qui engendre ces vrayes et parfaictes amitiez, pourquoy se trouvera elle en ceux cy ? Le pere et le fils peuvent estre de complexion entierement eslongnée, et les freres aussi. C'est mon fils, c'est mon parent, mais c'est un homme farouche, un meschant ou un sot. Et puis, à mesure que ce sont amitiez que la loy et l'obligation naturelle nous commande, il y a d'autant moins de nostre chois et liberté volontaire. Et nostre liberté volontaire n'a point de production qui soit plus proprement sienne que celle de l'affection et amitié. Ce n'est pas que je n'aye essayé de ce costé là tout ce qui en peut estre, ayant eu le meilleur pere qui fut onques, et le plus indulgent, jusques à son extreme vieillesse, et estant d'une famille fameuse de pere en fils, et exemplaire en cette partie de la concorde fraternelle.

> *et ipse*
> *Notus in fratres animi paterni.*

D'y comparer l'affection envers les femmes, quoy qu'elle naisse de nostre choix, on ne peut, ny la loger en ce rolle. Son feu, je le confesse,

> *neque enim est dea nescia nostri*
> *Quæ dulcem curis miscet amaritiem,*

est plus actif, plus cuisant et plus aspre. Mais c'est un feu temeraire et volage, ondoyant et divers, feu de fiebvre, subject à accez et remises, et qui ne nous tient qu'à un coing. En l'amitié, c'est une chaleur generale et universelle, temperée au demeurant et égale, une chaleur constante et rassize, toute douceur et polissure, qui n'a rien d'aspre et de poignant. Qui plus est, en l'amour, ce n'est qu'un desir forcené après ce qui nous fuit :

> *Come segue la lepre il cacciatore*
> *Al freddo, al caldo, alla montagna, al lito ;*
> *Ne piu l'estima poi che presa vede,*
> *Et sol dietro a chi fugge affretta il piede.*

Aussi tost qu'il entre aux termes de l'amitié, c'est à dire en la convenance des volontez, il s'esvanouit et s'alanguist. La jouyssance le perd, comme ayant la fin corporelle et subjecte à sacieté. L'amitié, au rebours, est jouye à mesure qu'elle est désirée, ne s'esleve, se nourrit, ny ne prend accroissance qu'en la jouyssance, comme estant spirituelle, et l'âme s'affinant par l'usage. Sous cette parfaicte amitié, ces affections volages ont autrefois trouvé place chez moy, affin que je ne parle de luy, qui n'en confesse que trop par ces vers. Ainsi ces deux passions sont entrées chez moy en connoissance l'une de l'autre ; mais en comparaison jamais : la premiere maintenant sa route d'un vol hautain et superbe, et regardant desdaigneusement cette cy passer ses pointes bien loing au dessoubs d'elle.

Quant aux mariages, outre ce que c'est un marché qui n'a que l'entrée libre (sa durée estant contrainte et forcée, dependant d'ailleurs que de nostre vouloir), et marché qui ordinairement se fait à autres fins, il y survient mille fusées estrangieres à desmeler parmy, suffisantes à rompre le fil et troubler le cours d'une vive affection ; là où, en l'amitié, il n'y a affaire ny commerce que d'elle mesme. Joint qu'à dire vray, la suffisance ordinaire des femmes n'est pas pour respondre à cette conference et communication, nourrisse de cette saincte couture ; ny leur ame ne semble assez ferme pour soustenir l'estreinte d'un nœud si pressé et si durable. Et certes, sans cela, s'il se pouvoit dresser une telle accointance, libre et volontaire, où non seulement les ames eussent cette entiere jouyssance, mais encores où les corps eussent part à l'alliance, où l'homme fust engagé tout entier, il est certain que l'amitié en seroit plus pleine et plus comble. Mais ce sexe par nul exemple n'y est encore peu arriver, et par le commun consentement des escholes anciennes en est rejetté.

Et cet'autre licence Grecque est justement abhorrée par nos mœurs. Laquelle pourtant, pour avoir, selon leur usage, une si necessaire disparité d'aages et difference d'offices entre les amants, ne respondoit non plus assez à la parfaicte union et convenance qu'icy nous demandons : « *Quis est enim iste amor amicitiæ ? Cur neque deformem adolescentem quisquam amat, neque formosum senem ?* » Car la peinture mesme qu'en faict l'Academie ne me desadvoüera pas, comme je pense, de dire ainsi de sa part : que cette premiere fureur inspirée par le fils de Venus au cœur de l'amant sur l'object de la fleur d'une tendre jeunesse, à laquelle ils permettent tous les insolents et passionnez efforts que peut produire une ardeur immoderée, estoit simplement fondée en une beauté externe, fauce image de la generation corporelle. Car en l'esprit elle ne pouvoit, duquel la montre estoit encore cachée, qui n'estoit qu'en sa naissance, et avant l'aage de germer. Que si cette fureur saisissoit un bas courage, les moyens de sa poursuite c'estoient richesses, presents, faveur à l'avancement des dignitez, et telle autre basse marchandise, qu'ils reprouvent. Si elle tomboit en un courage plus genereux, les entremises estoient genereuses de mesmes : instructions philosophiques, enseignements à reverer la religion, obeïr aux loix, mourir pour le bien de son païs, exemples de vaillance, prudence, justice ; s'estudiant l'amant de se rendre acceptable par la bonne grace et beauté de son ame, celle de son corps estant pieça fanée, et esperant par cette société mentale establir un marché plus ferme et durable. Quand cette poursuitte arrivoit à l'effect en sa saison (car ce qu'ils ne requierent point en l'amant, qu'il apportast loysir et discretion en son entreprise, ils le requierent exactement en l'aymé ; d'autant qu'il luy falloit juger d'une beauté interne, de difficile cognoissance et abstruse descouverte), lors naissoit en l'aymé le desir d'une conception spirituelle par l'entremise d'une spirituelle beauté. Cette cy estoit icy principale ; la corporelle, accidentale et seconde : tout le rebours de l'amant. À cette cause preferent ils l'aymé, et verifient que les dieux aussi le preferent, et tansent grandement le poëte Æschylus d'avoir, en l'amour d'Achille et de Patroclus, donné la part de l'amant à Achilles qui estoit en la premiere et imberbe verdeur de son adolescence, et le plus beau des Grecs. Après cette communauté générale, la maistresse et plus digne partie d'icelle exerçant ses offices et predominant, ils disent qu'il en provenoit des fruicts très utiles au privé et au public ; que c'estoit la force des païs qui en recevoient l'usage, et la principale defence de l'equité et de la liberté : tesmoin les salutaires amours de Hermodius et d'Aristogiton. Pourtant la nomment ils sacrée et divine. Et n'est, à leur compte, que la violence des tyrans et lascheté des peuples qui luy soit adversaire. En fin tout ce qu'on peut donner à la faveur de l'Académie, c'est dire que c'estoit un amour se terminant en amitié ; chose qui ne se rapporte pas mal à la definition Stoïque de l'amour : « *Amorem conatum esse amicitiæ faciendæ ex pulchritudinis specie.* » Je revien à ma description, de façon plus equitable et plus equable : « *Omnino amicitiæ corroboratis jam confirmatisque ingeniis et ætatibus, judicandæ sunt.* »

Au demeurant, ce que nous appellons ordinairement amis et amitiez, ce ne sont qu'accoinctances et familiaritez nouées par quelque occasion ou commodité, par le moyen de laquelle nos ames s'entretiennent. En l'amitié dequoy je parle, elles se meslent et confondent l'une en l'autre, d'un melange si universel, qu'elles effacent et ne retrouvent plus la couture qui les a jointes. Si on me presse de dire pourquoy je l'aymois, je sens que cela ne se peut exprimer, qu'en respondant : « Par ce que c'estoit luy ; par ce que c'estoit moy. »

Il y a, au delà de tout mon discours, et de ce que j'en puis dire particulierement, ne sçay quelle force inexplicable et fatale, mediatrice de cette union. Nous nous cherchions avant que de nous estre veus, et par des rapports que nous oyïons l'un de l'autre, qui faisoient en nostre affection plus d'effort que ne porte la raison des rapports, je croy par quelque ordonnance du ciel ; nous nous embrassions par noz noms. Et à nostre premiere rencontre, qui fut par hazard en une grande feste et compagnie de ville, nous nous trouvasmes si prins, si cognus, si obligez entre nous, que rien dès lors ne nous fut si proche que l'un à l'autre. Il escrivit une Satyre Latine excellente, qui est publiée, par laquelle il excuse et explique la precipitation de nostre intelligence, si promptement parvenue à sa perfection. Ayant si peu à durer, et ayant si tard commencé, car nous estions tous deux hommes faicts, et luy plus de quelque année, elle n'avoit point à perdre temps et à se regler au patron des amitiez molles et regulieres, ausquelles il faut tant de precautions de longue et prealable conversation. Cette cy n'a point d'autre idée que d'elle mesme, et ne se peut rapporter qu'à soy. Ce n'est pas une speciale consideration, ny deux, ny trois, ny quatre, ny mille : c'est je ne scay quelle quinte essence de tout ce meslange, qui, ayant saisi toute ma volonté, l'amena se plonger et se perdre dans la sienne ; qui, ayant saisi toute sa volonté, l'amena se plonger et se perdre en la mienne, d'une faim, d'une concurrence pareille. Je dis perdre, à la verité, ne nous reservant rien qui nous fut propre, ny qui fut ou sien, ou mien.

Quand Lælius, en presence des Consuls Romains, lesquels, après la condemnation de Tiberius Gracchus, poursuivoyent tous ceux qui avoyent esté de son intelligence, vint à s'enquerir de Caïus Blosius (qui estoit le principal de ses amis) combien il eut voulu faire pour luy, et qu'il eut respondu : « Toutes choses. – Comment, toutes choses ? suivit-il. Et quoy, s'il t'eut commandé de mettre le feu en nos temples ? – Il ne me l'eut jamais commandé, replica Blosius. – Mais s'il l'eut fait ? adjouta Lælius. – J'y eusse obey », respondit-il. S'il estoit si parfaictement amy de Gracchus, comme disent les histoires, il n'avoit que faire d'offenser les Consuls par cette derniere et hardie confession ; et ne se devoit départir de l'asseurance qu'il avoit de la volonté de Gracchus. Mais, toutefois, ceux qui accusent cette responce comme seditieuse, n'entendent pas bien ce mystere et ne presupposent pas, comme il est, qu'il tenoit la volonté de Gracchus en sa manche, et par puissance et par connoissance. Ils estoient plus amis que citoyens, plus amis qu'amis et qu'ennemis de leur païs, qu'amis d'ambition et de trouble. S'estans parfaictement commis l'un à l'autre, ils tenoient parfaictement les renes de l'inclination l'un de l'autre ; et faictes guider cet harnois par la vertu et conduitte de la raison (comme aussi est-il du tout impossible de l'atteler sans cela), la responce de Blosius est telle qu'elle devoit estre. Si leurs actions se demancherent, ils n'estoient ny amis selon ma mesure l'un de l'autre, ny amis à eux mesmes. Au demeurant, cette responce ne sonne non plus que feroit la mienne, à qui s'enquerroit à moy de cette façon : « Si vostre volonté vous commandoit de tuer vostre fille, la tueriez-vous ? » et que je l'accordasse. Car cela ne porte aucun tesmoignage de consentement à ce faire, par ce que je ne suis point en doute de ma volonté, et tout aussi peu de celle d'un tel amy. Il n'est pas en la puissance de tous les discours du monde de me desloger de la certitude que j'ay des intentions et jugemens du mien. Aucune de ses actions ne me sçauroit estre presentée, quelque visage qu'elle eut, que je n'en trouvasse incontinent le ressort. Nos ames ont charrié si uniement ensemble, elles se sont considerées d'une si ardante affection, et de pareille affection descouvertes jusques au fin fond des entrailles l'une à l'autre, que non seulement je connoissoy la sienne comme la mienne, mais je me fusse certainement plus volontiers fié à luy de moy qu'à moy.

Qu'on ne me mette pas en ce reng ces autres amitiez communes ; j'en ay autant de connoissance qu'un autre, et des plus parfaictes de leur genre, mais je ne conseille pas qu'on confonde leurs regles : on s'y tromperoit. Il faut marcher en ces autres amitiez la bride à la main, avec prudence et precaution ; la liaison n'est pas nouée en maniere qu'on n'ait aucunement à s'en deffier. « Aymés le (disoit Chilon) comme ayant quelque jour à le haïr ; haïssez le, comme ayant à l'aymer. » Ce precepte qui est si abominable en cette souveraine et maistresse amitié il est salubre en l'usage des amitiez ordinaires et coustumières, à l'endroit desquelles il faut employer le mot qu'Aristote avoit très-familier : « Ô mes amis, il n'y a nul amy ! »

En ce noble commerce, les offices et les bienfaits, nourrissiers des autres amitiez, ne meritent pas seulement d'estre mis en compte ; cette confusion si pleine de nos volontez en est cause. Car, tout ainsi que l'amitié que je me porte ne reçoit point augmentation pour le secours que je me donne au besoin, quoy que dient les Stoïciens, et comme je ne me sçay aucun gré du service que je me fay, aussi l'union de tels amis estant veritablement parfaicte, elle leur faict perdre le sentiment de tels devoirs, et haïr et chasser d'entre eux ces mots de division et de difference : bien faict, obligation, reconnoissance, priere, remerciement, et leurs pareils. Tout estant par effect commun entre eux, volontez, pensemens, jugemens, biens, femmes, enfans, honneur et vie, et leur convenance n'estant qu'un'ame en deux corps selon la très-propre definition d'Aristote, ils ne se peuvent ny prester, ny donner rien. Voilà pourquoi les faiseurs de loix, pour honorer le mariage de quelque imaginaire ressemblance de cette divine liaison, defendent les donations entre le mary et la femme, voulant inferer par là que tout doit estre à chacun d'eux et qu'ils n'ont rien a diviser et partir ensemble. Si, en l'amitié dequoy je parle, l'un pouvoit donner à l'autre, ce seroit celuy qui recevroit le bien-fait qui obligeroit son compagnon. Car cherchant l'un et l'autre, plus que toute autre chose, de s'entre-bienfaire, celuy qui en preste la matiere et l'occasion est celuy-là qui faict le liberal, donnant ce contentement à son amy d'effectuer en son endroit ce qu'il désire le plus. Quand le philosophe Diogenes avoit faute d'argent, il disoit qu'il le redemandoit à ses amis, non qu'il le demandoit. Et, pour montrer comment cela se practique par effect, j'en reciteray un ancien exemple, singulier.

Eudamidas, Corinthien, avoit deux amis : Charixenus, Sycionien, et Aretheus, Corinthien. Venant à mourir estant pauvre, et ses deux amis riches, il fit ainsi son testament : « Je legue à Aretheus de nourrir ma mere et l'entretenir en sa vieillesse ; à Charixenus, de marier ma fille et luy donner le doüaire le plus grand qu'il pourra ; et, au cas que l'un d'eux vienne à defaillir, je substitue en sa part celuy qui survivra. » Ceux qui premiers virent ce testament, s'en moquerent ; mais ses heritiers, en ayant esté advertis, l'accepterent avec un singulier contentement. Et l'un d'eux, Charixenus, estant trespassé cinq jours après, la substitution estant ouverte en faveur d'Aretheus, il nourrit curieusement cette mere, et, de cinq talens qu'il avoit en ses biens, il en donna les deux et demy en mariage à une sienne fille unique, et deux et demy pour le mariage de la fille d'Eudamidas, desquelles il fit les nopces en mesme jour.

Cet exemple est bien plein, si une condition en estoit à dire, qui est la multitude d'amis. Car cette parfaicte amitié, dequoy je parle, est indivisible ; chacun se donne si entier à son amy, qu'il ne luy reste rien à departir ailleurs ; au rebours, il est marry qu'il ne soit double, triple ou quadruple, et qu'il n'ait plusieurs ames et plusieurs volontez pour les conferer toutes à ce subjet. Les amitiez communes, on les peut departir ; on peut aymer en cestuy-cy la beauté, en cet autre la facilité de ses meurs, en l'autre la liberalité, en celuy-là la paternité, en cet autre la fraternité, ainsi du reste ; mais cette amitié qui possede l'ame et la regente en toute souveraineté, il est impossible qu'elle soit double. Si deux en mesme temps demandoient à estre secourus, auquel courriez-vous ? S'ils requeroient de vous des offices contraires, quel ordre y trouveriez vous ? Si l'un commettoit à vostre silence chose qui fust utile à l'autre de sçavoir, comment vous en desmeleriez vous ? L'unique et principale amitié descoust toutes autres obligations. Le secret que j'ay juré ne deceller à nul autre, je le puis, sans parjure, communiquer à celuy qui n'est pas autre : c'est moy. C'est un assez grand miracle de se doubler ; et n'en cognoissent pas la hauteur, ceux qui parlent de se tripler. Rien n'est extreme, qui a son pareil. Et qui presupposera que de ceux j'en aime autant l'un que l'autre, et qu'ils s'entr'aiment et m'aiment autant que je les aime, il multiplie en confrairie la chose la plus une et unie, et dequoy une seule est encore la plus rare à trouver au monde.

Le demeurant de cette histoire convient très-bien à ce que je disois : car Eudamidas donne pour grace et pour faveur à ses amis de les employer à son besoin. Il les laisse heritiers de cette sienne liberalité, qui consiste à leur mettre en main les moyens de luy bien-faire. Et, sans doubte, la force de l'amitié se montre bien plus richement en son fait qu'en celuy d'Aretheus. Somme, ce sont effects inimaginables à qui n'en a gousté, et qui me font honnorer à merveilles la responce de ce jeune soldat à Cyrus s'enquerant à luy pour combien il voudroit donner un cheval, par le moyen du quel il venoit de gaigner le prix de la course, et s'il le voudroit eschanger à un Royaume : « Non certes, Sire, mais bien le lairroy-je volontiers pour en acquerir un amy, si je trouvoy homme digne de telle alliance. »

Il ne disoit pas mal : « si j'en trouvoy » ; car on trouve facilement des hommes propres à une superficielle accointance. Mais en cette-cy, en laquelle on negotie du fin fons de son courage, qui ne faict rien de reste, certes il est besoin que touts les ressorts soyent nets et seurs parfaictement.

Aux confederations qui ne tiennent que par un bout, on n'a à prouvoir qu'aux imperfections qui particulierement interessent ce bout là. Il ne peut chaloir de quelle religion soit mon medecin et mon advocat. Cette consideration n'a rien de commun avec les offices de l'amitié qu'ils me doivent. Et, en l'accointance domestique que dressent avec moy ceux qui me servent, j'en fay de mesmes. Et m'enquiers peu d'un laquay s'il est chaste ; je cherche s'il est diligent. Et ne crains pas tant un muletier joueur que imbecille, ny un cuisinier jureur qu'ignorant. Je ne me mesle pas de dire ce qu'il faut faire au monde, d'autres assés s'en meslent, mais ce que j'y fay.

Mibi sic usus est ; tibi, ut opus est facto, face.

À la familiarité de la table j'associe le plaisant, non le prudent ; au lict, la beauté avant la bonté ; en la société du discours, la suffisance, voire sans la preud'hommie. Pareillement ailleurs.

Tout ainsi que cil qui fut rencontré à chevauchons sur un baton, se jouant avec ses enfans, pria l'homme qui l'y surprint de n'en rien dire jusques à ce qu'il fut pere luy-mesme, estimant que la passion qui luy naistroit lors en l'ame le rendroit juge equitable d'une telle action ; je souhaiterois aussi parler à des gens qui eussent essayé ce que je dis. Mais, sçachant combien c'est chose eslongnée du commun usage qu'une telle amitié, et combien elle est rare, je ne m'attens pas d'en trouver aucun bon juge. Car les discours mesmes que l'antiquité nous a laissé sur ce subject me semblent lâches au prix du sentiment que j'en ay. Et, en ce poinct, les effets surpassent les preceptes mesmes de la philosophie :

Nil ego contulerim jucundo sanus amico.

L'ancien Menander disoit celuy-là heureux, qui avoit peu rencontrer seulement l'ombre d'un amy. Il avoit certes raison de le dire, mesmes s'il en avoit tasté. Car, à la vérité, si je compare tout le reste de ma vie, quoy qu'avec la grace de Dieu je l'aye passée douce, aisée et, sauf la perte d'un tel amy, exempte d'affliction poisante, pleine de tranquillité d'esprit, ayant prins en payement mes commoditez naturelles et originelles sans en rechercher d'autres ; si je la compare, dis-je, toute aux quatre années qu'il m'a esté donné de jouyr de la douce compagnie et société de ce personnage, ce n'est que fumée, ce n'est qu'une nuit obscure et ennuyeuse. Depuis le jour que je le perdy,

quem semper acerbum,
Semper honoratum (sic, Dii, voluistis) habebo,

je ne fay que trainer languissant; et les plaisirs mesmes qui s'offrent à moy, au lieu de me consoler, me redoublent le regret de sa perte. Nous estions à moitié de tout; il me semble que je luy desrobe sa part,

> *Nec fas esse ulla me voluptate hic frui*
> *Decrevi, tantisper dum ille abest meus particeps.*

J'estois desjà si fait et accoustumé à estre deuxiesme par tout, qu'il me semble n'estre plus qu'à demy.

> *Illam meæ si partem animæ tulit*
> *Maturior vis, quid moror altera,*
> *Nec charus æque, nec superstes*
> *Integer? Ille dies utramque*
> *Duxit ruinam.*

Il n'est action ou imagination où je ne le trouve à dire comme si eut-il bien faict à moy. Car, de mesme qu'il me surpassoit d'une distance infinie en toute autre suffisance et vertu, aussi faisoit-il au devoir de l'amitié.

Essais, I, 28.

Montaigne

Qu'est-ce donc que l'amitié ? Montaigne ne répond pas à cette question en développant une théorie philosophique sur l'amitié constituée de préceptes généraux ou d'idées abstraites. L'originalité de son propos est qu'il ne constitue pas à proprement parler un discours *sur* l'amitié. Celle-ci n'est pas un objet théorique sur lequel la réflexion puisse s'exercer à distance. Sa vérité réside au contraire dans sa réalité d'affect radicalement singulier. Il n'y a qu'une seule philosophie de l'amitié, celle qui s'efforce de montrer à quel point l'amitié est réfractaire à la philosophie. À l'occasion de son essai sur l'amitié, Montaigne propose une véritable définition de la philosophie : la philosophie est l'effort que fait la pensée pour rencontrer cela même qui lui échappe, pour parler de ce qui se refuse au langage. Plus encore, la dignité philosophique d'un « objet » se mesure à la résistance qu'il oppose à la philosophie. Ainsi de cette amitié particulière, unique, sans équivalent qui unit Montaigne et La Boétie de 1557 à 1563, date à laquelle ce dernier mourut prématurément à l'âge de trente-trois ans : « Si on me presse de dire pourquoy je l'aimais, je sens que cela ne se peut exprimer, qu'en respondant : "Par ce que c'estoit luy ; par ce que c'estoit moy." Il y a, au delà de tout mon discours, et de ce que j'en puis dire particulièrement, ne sçay quelle force inexplicable et fatale, médiatrice de cette union ». On ne parle pas de l'amitié en général. L'amitié, c'est toujours telle amitié singulière entre deux individus engagés dans telles circonstances particulières de temps et de lieu. Et cette correspondance intime et profonde de deux êtres excède les raisons qu'on pourrait en donner. Elle est sans pourquoi. Son origine dépend elle-même du hasard d'une rencontre. L'amitié se connaît, sitôt qu'on l'éprouve, d'un savoir qui n'est pas réflexif. « Savoir » dérive du latin *sapere* qui signifie « goûter » et donne « saveur » en français. La saveur spécifique de l'amitié n'est pas concevable *a priori*. Il faut l'avoir goûtée pour en avoir l'idée : « ce sont des effets inimaginables à qui n'en a gousté ». Le vocabulaire de Montaigne est invariablement négatif : « inimaginable », « inexplicable ». La « force de l'amitié se montre », mais ne se démontre pas. Elle produit des effets dont la cause n'est pas assignable tant ils sont incommensurables avec l'ordre des causes : « les effects surpassent les preceptes mesmes de la philosophie ». L'expérience que Montaigne a faite de l'amitié donne tout son sens à sa fameuse devise : « Que sçay-je ? » Cette amitié-ci, « c'est je ne sçay quelle quintessence de tout ce mélange ». Aberration logique mais évidence affective, l'amitié est un je-ne-sais-quoi, pur index d'un je-sais-que.

Descartes

Le Panier de pommes

Je me servirai ici d'un exemple fort familier pour lui faire ici entendre la conduite de mon procédé, afin que désormais il ne l'ignore plus, ou qu'il n'ose plus feindre qu'il ne l'entend pas.

Si d'aventure il avait une corbeille pleine de pommes, et qu'il appréhendât que quelques-unes ne fussent pourries, et qu'il voulût les ôter de peur qu'elles ne corrompissent le reste, comment s'y prendrait-il pour le faire ? Ne commencerait-il pas tout d'abord à vider sa corbeille ; et après cela, regardant toutes ces pommes les unes après les autres, ne choisirait-il pas celles-là seules qu'il verrait n'être point gâtées, et, laissant là les autres, ne les remettrait-il pas dedans son panier : Tout de même aussi, ceux qui n'ont jamais bien philosophé ont diverses opinions en leur esprit qu'ils ont commencé à y amasser dès leur bas âge, et, appréhendant avec raison que la plupart ne soient pas vraies, ils tâchent de les séparer d'avec les autres, de peur que leur mélange ne les rende toutes incertaines. Et pour ne se point tromper, ils ne sauraient mieux faire que de les rejeter une fois toutes ensemble, ni plus ni moins que si elles étaient toutes fausses et incertaines ; puis les examinant par ordre les unes après les autres, reprendre celles-là seules qu'ils reconnaîtront être vraies et indubitables. C'est pourquoi je n'ai pas mal fait au commencement de rejeter tout ; puis considérant que je ne connaissais rien plus certainement ni plus évidemment sinon que moi, qui pensais, étais quelque chose, je n'ai pas eu aussi mauvaise raison d'établir cela comme le premier fondement de toute ma connaissance ; et enfin je n'ai pas aussi mal fait de demander après cela ce que j'avais cru autrefois que j'étais, non pas afin que je crusse encore de moi toutes les mêmes choses, mais afin de reprendre celles que je reconnaîtrais être vraies, de rejeter celles que je trouverais être fausses, et de remettre à examiner à un autre temps celles qui me sembleraient douteuses. Ce qui fait voir que notre auteur n'a pas raison d'appeler ceci *un art de tirer des choses certaines des incertaines*, ou comme il dit ci-après, *une méthode de rêver* ; et que tout ce qu'il raconte ici et dans les deux paragraphes suivants du coq de Pythagore, et des opinions des philosophes touchant la nature du corps et de l'âme, sont choses tout à fait inutiles et hors de propos, puisque, selon la méthode que je m'étais prescrite, je n'ai point dû et n'ai point aussi voulu me mêler de rapporter rien de ce que les autres ont jamais pensé là-dessus, mais seulement ce qu'il m'en a semblé autrefois à moi-même, et ce qui a coutume de sembler aux autres en se laissant seulement conduire par la lumière naturelle, soit qu'il fût vrai, soit qu'il fût faux ; pour ce que je ne l'ai point rapporté afin de le croire, mais seulement pour l'examiner [...].

Il feint ici à tort que je suppose ce que j'ai dû prouver. Mais à des choses qui sont ainsi feintes gratuitement, et qui ne peuvent être appuyées et soutenues par aucune raison, on ne doit, ce me semble, répondre autre chose sinon qu'elles sont fausses. Et je n'ai jamais en aucune façon mis en dispute ce qui doit être appelé du nom de corps, ou d'âme, ou d'esprit. Mais j'ai seulement expliqué deux différentes sortes de choses, savoir est celle qui pense et celle qui est étendue, auxquelles seules j'ai fait voir que toutes les autres se rapportent, et que j'ai prouvé aussi par de bonnes raisons être deux substances réellement distinctes, l'une desquelles j'ai appelé *esprit* et l'autre *corps*. Mais si ces noms lui déplaisent, il leur en peut attribuer d'autres si bon lui semble, je ne l'empêcherai point [...].

J'ai examiné si j'avais en moi quelqu'une des choses que j'attribuais à l'âme dont je venais de faire la description, et ne trouvant pas en moi toutes les choses que je lui avais attribuées, mais n'y remarquant que la pensée, pour cela je n'ai pas dit que j'étais une âme, mais seulement j'ai dit que j'étais une chose qui pense, et j'ai donné à cette chose qui pense le nom d'esprit, ou celui d'entendement et de raison, n'entendant rien de plus par le nom d'esprit que par celui d'une chose qui pense... qu'il dise, si bon lui semble, qu'une chose qui pense est mieux nommée du nom de corps que du nom d'esprit, je ne m'en mets pas en peine, et il n'a rien à démêler là-dessus avec moi, mais seulement avec les grammairiens. Mais s'il feint que j'aie voulu dire par le nom d'esprit quelque chose de plus que par celui d'une chose qui pense, c'est à moi à le nier. Comme un peu après, où il dit : *si vous posez ceci pour fondement de toutes vos démonstrations, à savoir que penser est quelque chose de propre à l'esprit, ou à une chose spirituelle et incorporelle, etc., n'est-ce pas demander une grâce et supposer ce qui est en question.* Je nie que j'aie supposé en aucune façon que l'esprit fût incorporel, mais je dis que je l'ai démontré dans la sixième Méditation.

Jusques ici le R. P. s'est joué ; et pour ce que dans la suite il semble vouloir agir sérieusement et prendre un autre personnage, je mettrai cependant ici en peu de paroles les remarques que j'ai faites sur les jeux de son esprit. Voici ce qu'il dit : *Autrefois ? Ce temps-là a-t-il été ?* Et en un autre endroit : *je rêve que je pense, je ne pense point*, mais tout cela n'est que raillerie, digne du personnage qu'il a voulu représenter. Comme aussi cette importante question qu'il propose, savoir, *si penser a plus d'étendue que de rêver*. Et même ce bon mot, *de la méthode de rêver*. Et cet autre, *que pour bien raisonner il faut rêver*. Mais je ne pense pas avoir donné la moindre occasion de se railler de la sorte, car j'ai dit en termes exprès, en parlant des choses dont j'avais fait abdication, que je n'assurais point qu'elles fussent, mais seulement qu'elles semblaient être. Si bien qu'en cherchant ce que j'ai pensé que j'étais autrefois, je n'ai voulu chercher autre chose que ce qu'il me semblait à présent que j'avais pensé que j'étais autrefois. Et lorsque j'ai dit que je pensais, je n'ai point considéré si c'était en veillant ou en dormant. Et je m'étonne qu'il appelle cela la méthode de rêver, car il semble qu'elle ne l'a pas peu éveillé.

Il raisonne encore conformément à son personnage lorsque, pour chercher ce que j'ai pensé que j'étais autrefois, il veut que j'avance ceci comme une maxime fondamentale : *je suis quelqu'une des choses que j'ai cru autrefois que j'étais* ; ou bien, *je suis cela même que j'ai cru autrefois que j'étais*. Et un peu après, pour chercher si je ne suis point un corps, il veut que l'on prenne cette maxime pour guide : *J'ai bien pensé autrefois touchant ce qui appartient au corps*. Ou bien : *rien n'appartient au corps que ce que j'ai cru autrefois qui lui appartenait*, car les maximes qui répugnent manifestement à la raison sont propres à faire rire. Et il est manifeste que j'ai pu rechercher utilement ce que j'ai cru autrefois que j'étais, et même si j'étais un corps, bien que j'ignorasse si j'étais quelqu'une des choses que j'ai cru être autrefois, et que j'ignorasse même si j'avais lors bien cru, afin que par le moyen des choses que je viendrais à connaître tout de nouveau, j'examinasse le tout avec soin ; et si par ce moyen je ne découvrais rien autre chose, que j'apprisse au moins que je ne pouvais par là rien découvrir [...].

Pour moi, je n'ai jamais nié qu'une chose qui pense fût un corps, pour avoir supposé que j'avais autrefois bien pensé touchant la nature du corps, mais parce que ne me servant point du nom *de corps*, sinon pour signifier une chose qui m'était bien connue, à savoir, pour signifier une substance étendue, j'ai reconnu que la substance qui pense est différente de celle qui est étendue.

Ces façons de parler subtiles et galantes qui sont ici plusieurs fois répétées, c'est à savoir : *je pense, dites-vous* ; *je le nie, moi* ; *vous rêvez. Cela est certain et évident, ajoutez-vous, je le nie* ; *vous rêver ? Il vous le semble seulement, il le paraît, mais il ne l'est pas*, *etc*. Au moins seraient-elles capables de faire rire de ce qu'en la bouche d'une personne qui agirait sérieusement elles seraient ineptes et ridicules. Mais de peur que ceux qui ne font que commencer ne se persuadent que rien ne peut être certain et évident à celui qui doute s'il dort ou s'il veille, mais peut seulement lui sembler et lui paraître, je les prie de se ressouvenir de ce que j'ai ci-devant remarqué, c'est à savoir, que ce que l'on conçoit clairement et distinctement, par qui que ce puisse être qu'il soit conçu ainsi, est vrai, et ne le semble ou ne le paraît pas seulement. Quoique pourtant, à vrai dire, il s'en trouve fort peu qui sachent bien faire distinction entre ce que l'on aperçoit véritablement et ce que l'on pense seulement apercevoir, parce qu'il y en a fort peu qui s'accoutument à ne se servir que de claires et distinctes perceptions.

Jusques ici notre acteur ne nous a encore fait la représentation d'aucune mémorable action, mais il s'est seulement forgé certains petits obstacles contre lesquels après s'être un peu agité et tourmenté tout aussitôt il a fait retraite et a tourné visage ailleurs. Il commence ici le premier célèbre combat contre un ennemi tout à fait digne de la scène, à savoir contre mon ombre, qui n'est à la vérité visible qu'à lui, et qu'il a lui-même forgée ; et de peur que cette ombre ne fût pas assez vaine, il l'a composée du néant même. Cependant c'est tout de bon qu'il en vient aux prises avec elle, il argumente, il sue, il demande trêve, il appelle la logique à son secours, il recommence le combat, il examine tout, il pèse tout, il balance tout... Sans mentir, le spectacle en est assez agréable, principalement quand on sait le sujet de la querelle, qui vient de ce qu'ayant lu par hasard dans mes écrits que pour commencer à bien philosopher il faut se résoudre une fois en sa vie de se défaire de toutes les opinions qu'on a auparavant reçues en sa créance, quoique peut-être il y en ait plusieurs parmi elles qui sont vraies, à cause qu'étant mêlées avec plusieurs autres, qui sont la plupart ou fausses ou douteuses, il n'y a point de meilleur moyen pour séparer celles-là des autres que de les rejeter toutes du commencement, sans en retenir aucune, afin de pouvoir par après plus aisément reconnaître celles qui sont vraies, en découvrir de nouvelles, et n'admettre que celles qui sont certaines et indubitables. Ce qui est la même chose que si j'avais dit que pour prendre garde que dans un panier plein de pommes il n'y en ait quelques-unes qui soient gâtées, il les faut toutes vider du commencement, et n'y en laisser pas une, et puis n'y remettre que celles qu'on aurait reconnues être tout à fait saines, ou n'y en mettre point d'autres.

Réponses aux septièmes objections,
traduit du latin par Clerselier, 1657-1667

Descartes

L'âme de la philosophie de Descartes réside dans la méthode qu'il a personnellement expérimentée. Il ne prétend pas la prescrire à quiconque mais simplement l'exposer afin que d'autres s'en servent s'ils la jugent bonne. Ce pourquoi il n'a pas écrit un *Traité* mais bien un *Discours de la méthode*. Qu'est-ce qu'une méthode ? L'étymologie nous apprend que c'est un « chemin » (du grec *hodos*) à travers (*meta*) lequel la pensée peut s'orienter dans la recherche de la vérité. S'il est besoin d'une méthode, c'est qu'il existe des risques de s'égarer, de s'aventurer sur quelque voie sans issue, de se perdre sur une fausse piste. Ces culs-de-sac que la méthode nous offre les moyens d'éviter consistent dans les opinions que nous avons passivement reçues dès notre « bas âge » et que nous tenons pour des vérités acquises. Ainsi se mélangent dans notre esprit les opinions fausses et les idées vraies au point d'escamoter la distinction du vrai et du faux. Aussi le point de départ de Descartes, la première étape de sa méthode consiste à rejeter en bloc toutes les opinions que notre esprit héberge afin de prévenir la contamination de la vérité par l'erreur. Le pire ennemi de la pensée n'est autre que son propre passé. La mémoire est un réservoir d'idées mortes, c'est-à-dire d'idées qui ne sont plus pensées mais simplement reçues. Or, une idée est vivante ou n'est pas. Ce qui implique qu'elle soit pensée actuellement. Le geste philosophique inaugural de la pensée rejette ces idées mortes « une fois toutes ensemble », pour se « vider » la tête, comme l'on ferait avec un panier de pommes susceptible d'en contenir quelques-unes pourries, et éviter ainsi que celles-ci ne corrompent les pommes saines. Ce recours à « un exemple fort familier » propose une métaphore pertinente et concrète de la méthode cartésienne. Soit un panier de pommes. Entendons : un esprit adulte, plein d'opinions vraies et fausses, pêle-mêle. Comment séparer les unes des autres pour ne conserver que les saines (les vraies) ? Le seul moyen d'opérer ce tri est de « vider sa corbeille », c'est-à-dire de poser devant son esprit les opinions qui se trouvent dedans afin de les examiner. L'examen critique requiert une distance entre le sujet qui examine et les objets examinés. Faute d'une telle distance, le sujet subit ses propres opinions qui se dérobent à son regard critique. C'est ce que dit la métaphore du panier de pommes. Le premier acte de la pensée consiste en un rejet dont l'autre nom est le doute : « pour prendre garde que dans un panier plein de pommes il n'y en ait quelques-unes qui soient gâtées, il les faut toutes vider du commencement, et n'y en laisser pas une ». Toutefois, il ne s'agit pas d'un doute définitif, interdisant toute certitude, mais bien d'un doute méthodique, étape première de la recherche de la vérité, laquelle sera suivie d'une seconde : « n'y remettre que celles qu'on aurait reconnues être tout à fait saines ». Les idées pourries sont celles qui ne viennent pas de soi mais qui nous ont été imposées du dehors, par nos sensations, nos maîtres, nos parents ou nos lectures, fussent-elles philosophiques. Les idées saines, à l'opposé, sont celles dans lesquelles notre pensée ou « lumière naturelle » se reconnaît. La métaphore cartésienne du panier de pommes est une invite faite à la pensée de chacun de ne compter que sur ses propres forces. La philosophie, cette recherche de soi par soi, repose sur la décision de douter d'une pensée redevenue libre.

HOBBES

La Moquerie

I

Les facultés de la nature humaine peuvent être réduites sous quatre genres, la force du corps, l'expérience, la raison et les affections. Je commencerai par elles la doctrine que j'ai envie de traiter en ce livre ; et tout premièrement je dirai de quel esprit les hommes qui sont doués de ces puissances-là sont portés, les uns envers les autres. Je rechercherai ensuite, s'il est vrai que les hommes soient nés propres à la société, et à se conserver contre des ouvrages et des violences réciproques. S'ils le sont, je tâcherai de découvrir quelle faculté les en rend capables. Enfin, passant plus outre, aussi loin que mon raisonnement pourra aller, je montrerai quel conseil il a fallu nécessairement prendre là-dessus, quelles sont les conditions de la société, ou de la paix humaine ; c'est-à-dire, en changeant de nom, quelles sont les lois fondamentales de la nature.

II

La plupart de ceux qui ont écrit touchant les républiques, supposent ou demandent, comme une chose qui ne leur doit pas être refusée, que l'homme est un animal politique, ζωὸν πολιτικόν, selon le langage des Grecs, né avec une certaine disposition naturelle à la société. Sur ce fondement-là ils bâtissent la doctrine civile ; de sorte que pour la conservation de la paix, et pour la conduite de tout le genre humain, il ne faut plus rien sinon que les hommes s'accordent et conviennent de l'observation de certains pactes et conditions, auxquelles alors ils donnent le titre de lois. Cet axiome, quoique reçu si communément, ne laisse pas d'être faux, et l'erreur vient d'une trop légère contemplation de la nature humaine. Car si l'on considère de plus près les causes pour lesquelles les hommes s'assemblent, et se plaisent à une mutuelle société, il apparaîtra bientôt que cela n'arrive que par accident, et non pas par une disposition nécessaire de la nature. En effet, si les hommes s'entr'aimaient naturellement, c'est-à-dire, en tant qu'hommes, il n'y a aucune raison pourquoi chacun n'aimerait pas le premier venu, comme étant autant homme qu'un autre ; de ce côté-là, il n'y aurait aucune occasion d'user de choix et de préférence. Je ne sais aussi pourquoi on converserait plus volontiers avec ceux en la société desquels on reçoit de l'honneur ou de l'utilité, qu'avec ceux qui la rendent à quelque autre. Il en faut donc venir là, que nous ne cherchons pas de compagnons par quelque instinct de la nature ; mais bien l'honneur et l'utilité qu'ils nous apportent ; nous ne désirons des personnes avec qui nous conversions, qu'à cause de ces deux avantages qui nous en reviennent. On peut remarquer à quel dessein les hommes s'assemblent en ce qu'ils font étant assemblés. Si c'est pour le commerce, l'intérêt propre est le fondement de cette société ; et ce n'est pas pour le plaisir de la compagnie, qu'on s'assemble, mais pour l'avancement de ses affaires particulières. S'il y a du devoir ou de la civilité en cet assemblage, il n'y a pourtant pas de solide amitié, comme vous voyez dans le palais, où diverses personnes concourent, et qui s'entre-craignent plus qu'elles ne s'entr'aiment ; d'où naissent bien quelquefois des factions, mais d'où il ne se tire jamais de la bienveillance. Si les assemblées se forment à cause du divertissement qu'on y reçoit, remarquez-y, je vous prie, comme chacun se plaît surtout aux choses qui font rire ; et cela sans doute afin qu'il puisse (telle étant à mon avis la nature du ridicule) avoir davantage de complaisance pour ses belles qualités, par la comparaison qu'il en fait avec les défauts et les infirmités de quelque autre de la troupe. Mais bien que cette petite satisfaction soit assez souvent fort innocente, il en est pourtant manifeste que ceux qui la goûtent se plaisent à la gloire, plutôt qu'à la société en laquelle ils la trouvent. Au reste, en ces assemblées-là, on picote les absents, on examine toute leur vie, toutes leurs actions sont mises sur le tapis, on en fait des sujets de raillerie, on épluche leurs paroles, on en juge, et on les condamne avec beaucoup de liberté. Ceux qui sont de ce concert ne sont pas épargnés, et dès qu'ils ont tourné le dos, on les traite de la même sorte dont ils ont traité les autres : ce qui me fait grandement approuver le conseil de celui qui se retirait toujours le dernier d'une compagnie. Ce sont là les véritables délices de la société. Nous nous y portons naturellement, c'est-à-dire, par les affections qui nous sont communes avec le reste des animaux, et n'en sommes détournés que par quelque dommage qui nous en arrive, ou par les préceptes de la sagesse (dont plusieurs ne sont jamais capables) qui réfrène l'appétit du présent par la mémoire du passé. Hors de ces entretiens-là, le discours de diverses personnes, qui y sont fort éloquentes, devient froid et stérile. S'il arrive à quelqu'un des assistants de raconter quelque petite histoire, et que l'un d'entre eux parle de soi-même, chacun voudra faire le semblable. Si quelqu'un récite quelque étrange aventure, vous n'entendrez de tous les autres que des miracles, et on en forgera plutôt que d'en manquer. Et pour ne pas oublier en cet endroit ceux qui font profession d'être plus sages que les autres, si c'est pour philosopher qu'on s'assemble ; autant d'hommes qu'il y aura dans un auditoire, ce seront autant de docteurs. Il n'y en aura pas un qui ne se sente capable, et qui ne se veuille mêler d'enseigner les autres ; et de cette concurrence naîtra une haine mutuelle, au lieu d'une amitié réciproque. Il est donc évident par ces expériences, à ceux qui considèrent attentivement les affaires humaines, que toutes nos assemblées, pour si libres qu'elles soient, ne se forment qu'à cause de la nécessité que nous avons les uns des autres, ou du désir d'en tirer de la gloire ; si nous ne nous proposions de retirer quelque utilité, quelque estime, ou quelque honneur de nos compagnons en leur société, nous vivrions peut-être aussi sauvages que les autres animaux les plus farouches. La même conclusion se peut recueillir par un raisonnement, sur les définitions de la *volonté*, du *bien*, de l'*honneur*, et de l'*utile*. Car puisque c'est volontairement que la société est contractée, on y recherche l'objet de la volonté, c'est-à-dire, ce qui semble bon à chacun de ceux qui y entrent. Or ce qui paraît bon est agréable, et appartient à l'esprit ou à ses organes. Tout le plaisir de l'âme consiste en la gloire (qui est une certaine bonne opinion qu'on a de soi-même) ou se rapporte à la gloire. Les autres plaisirs touchent les sens, ou ce qui y aboutit, et je les embrasse tous sous le nom de l'*utile*. Je conclus donc derechef, que toutes les sociétés sont bâties sur le fondement de la gloire et des commodités de la vie ; et qu'ainsi elles sont contractées par l'amour-propre, plutôt que par une forte inclination que nous ayons pour nos semblables. Cependant il y a cette remarque à faire, qu'une société fondée sur la gloire ne peut être ni de beaucoup de personnes, ni de longue durée ; parce que la gloire, de même que l'honneur, si elle se communique à tous sans exception, elle ne se communique à personne ; la raison en est que la gloire dépend de la comparaison avec quelque autre, et de la prééminence qu'on a sur lui ; et comme la communauté de l'honneur ne donne à personne occasion de se glorifier, le secours d'autrui qu'on a reçu pour monter à la gloire en diminue le prix. Car on est d'autant plus grand et à estimer, qu'on a eu de propre puissance, et moins d'assistance étrangère. Mais bien que les commodités de cette vie puissent recevoir augmentation par l'assistance mutuelle que nous nous prêtons, il est pourtant certain qu'elles s'avancent davantage par une domination absolue, que par la société ; d'où il s'ensuit que, si la crainte était ôtée de parmi les hommes, ils se porteraient de leur nature plus avidement à la domination, qu'à la société. C'est donc une chose tout avérée, que l'origine des plus grandes et des plus durables sociétés, ne vient point d'une réciproque bienveillance que les hommes se portent, mais d'une crainte mutuelle qu'ils ont les uns des autres.

[Né avec une certaine disposition naturelle.] « *Trouvant, comme nous faisons, la société humaine déjà actuellement établie ; ne voyant personne qui vive hors d'elle : mais bien que tous les hommes sont désireux de compagnie et d'entretien ; il peut sembler que je fais une lourde faute, et que je pose une pierre d'achoppement dès l'entrée de cette doctrine civile à ceux qui prendront la peine de la lire, quand je dis que l'homme n'est pas né avec une disposition naturelle à la société. Il faut donc que je m'explique plus nettement. Il est vrai que selon la nature ce serait une chose fâcheuse à l'homme, en tant qu'homme, c'est-à-dire, dès qu'il est né, de vivre dans une perpétuelle solitude. Car, et les enfants pour vivre, et les plus avancés en âge pour mieux vivre ont besoin de l'assistance des autres hommes. De sorte que je ne nie pas que la nature ne nous contraigne à désirer la compagnie de nos semblables. Mais les sociétés civiles ne sont pas de simples assemblées, où il n'y ait qu'un concours de plusieurs animaux de même espèce : elles sont outre cela des alliances et des lignes soutenues par des articles qu'on a dressées et cimentées par une fidélité qu'on s'est promise. La force de ces pactes est ignorée des enfants et des idiots ; et leur utilité n'est pas connue de ceux qui n'ont point éprouvé les incommodités que le défaut de société entraîne. D'où vient que ni ceux-là ne peuvent point contracter de société, parce qu'ils ne savent ce que c'est ; ni ceux-ci ne se soucient point de la contracter, parce qu'ils en ignorent les avantages. Et de là il appert que, puisque les hommes sont enfants lorsqu'ils naissent ; ils ne peuvent pas être nés capables de société civile ; et que plusieurs (ou peut-être la plupart) par maladie d'esprit, ou par faute de discipline, en demeurent incapables toute leur vie. Cependant les uns et les autres, les enfants et les adultes, ne laissent pas de participer à la nature humaine. Ce n'est donc pas la nature, mais la discipline qui rend l'homme propre à la société. D'ailleurs encore que l'homme désirât naturellement la société, il ne s'ensuivrait pas qu'il fût né sociable, je veux dire, avec toutes les conditions requises pour la contracter : il y a loin d'un mouvement de désir, à une solide capacité de quelque chose. Ceux-là mêmes dont l'orgueil ne daigne pas de recevoir les justes conditions, sans lesquelles la société ne saurait être établie, ne laissent pas de la désirer, et de porter quelques-unes de leurs pensées à ce d'où le dérèglement de leur passion les éloigne.* »

[Mais d'une crainte mutuelle.] « *On m'a fait cette objection, que tant s'en faut que les hommes pussent contracter par la crainte mutuelle une société civile, qu'au contraire s'ils s'entre-craignaient ainsi, ils n'eussent pu supporter la vue des uns des autres. Il me semble que ces messieurs confondent la crainte avec la terreur et l'aversion. De moi, je n'entends, par ce premier terme, qu'une nue appréhension ou prévoyance d'un mal à venir. Et je n'estime pas que la fuite seule soit un effet de la crainte : mais aussi le soupçon, la défiance, la précaution, et même je trouve qu'il y a de la peur en tout ce dont on se prémunit et se fortifie contre la crainte. Quand on va se coucher, on ferme les portes ; quand on voyage, on prend une épée, à cause qu'on craint les voleurs. Les républiques mettent des garnisons sur leurs frontières ; les villes ont accoutumé de se fermer de fortes murailles contre leurs voisins. Les plus puissantes armées, et prêtes à combattre, traitent quelquefois de la paix par une crainte réciproque qui arrête leur furie. Les hommes se cachent dans les ténèbres, ou s'enfuient de crainte, quand ils n'ont pas d'autre moyen de pourvoir à leur sûreté ; le plus souvent ils prennent des armes défensives. De sorte que selon l'équipage auquel on les rencontre, on peut juger de l'état de leur âme, et quelle place y occupe cette lâche passion. En un mot, soit qu'on en vienne aux mains, ou que d'un commun accord on quitte les armes, la victoire ou le consentement des parties forment la société civile, et je trouve en l'un et en l'autre qu'il y a quelque mélange de cette crainte réciproque.* »

III

La cause de la crainte mutuelle dépend en partie de l'égalité naturelle de tous les hommes, en partie de la réciproque volonté qu'ils ont de nuire. Ce qui fait que ni nous ne pouvons attendre des autres, ni nous procurer à nous-mêmes quelque sûreté. Car si nous considérons des hommes faits, et prenons garde à la fragilité de la structure du corps humain (sous les ruines duquel toutes les facultés, la force, et la sagesse, qui nous accompagnent demeurent accablées) et combien aisé il est au plus faible de tuer l'homme du monde le plus robuste, il ne nous restera point de sujet de nous fier à nos forces, comme si la nature nous avait donné par là quelque supériorité sur les autres. Ceux-là sont égaux, qui peuvent choses égales. Or ceux qui peuvent ce qu'il y a de plus grand et de pire, à savoir ôter la vie, peuvent choses égales. Tous les hommes donc sont naturellement égaux. L'inégalité qui règne maintenant a été introduite par la loi civile.

IV

La volonté de nuire en l'état de nature est aussi en tous les hommes : mais elle ne procède pas toujours d'une même cause, et n'est pas toujours également blâmable. Il y en a qui, reconnaissant notre égalité naturelle, permettent aux autres tout ce qu'ils se permettent à eux-mêmes ; et c'est là vraiment un effet de modestie et de juste estimation de ses forces. Il y en a d'autres qui, s'attribuant une certaine supériorité, veulent que tout leur soit permis, et que tout l'honneur leur appartienne : en quoi ils font paraître leur arrogance. En ceux-ci donc la volonté de nuire naît d'une vaine gloire, et d'une fausse estimation de ses forces. En ceux-là elle procède d'une nécessité inévitable de défendre son bien et sa liberté contre l'insolence de ces derniers.

V

D'ailleurs, comme de tout temps, les hommes ont disputé avec beaucoup de chaleur de la gloire de l'esprit, il faut nécessairement que, de cette contention, naissent de très grandes discordes. En effet, c'est une chose fort déplaisante de souffrir de la contradiction, et c'est fâcher quelqu'un que de ne prêter pas son consentement à ce qu'il dit. Car en n'étant pas de son avis, on l'accuse tacitement d'erreur, et en le choquant à tout propos, cela vaut autant que si on l'accusait tout haut d'être un impertinent. Cela est manifeste dans les guerres de diverses sectes d'une religion, et dans les diverses factions d'une même république, qui sont les plus cruelles de toutes celles qui se font, et où il ne s'agit que de la vérité des doctrines, et de la prudence politique. Le plus grand plaisir, et la plus parfaite allégresse qui arrive à l'esprit, lui vient de ce qu'il en voit d'autres au-dessous de soi, avec lesquels se comparant, il a une occasion d'entrer en une bonne estime de soi-même. Or, dans cette complaisance, il est presque impossible qu'il ne s'engendre de la haine, ou que le mépris n'éclate par quelque risée, quelque parole, quelque geste, ou quelque autre signe ; ce qui cause le plus sensible de tous les déplaisirs, et l'âme ne reçoit point de blessure qui lui excite une plus forte passion de vengeance.

Le citoyen, traduit du latin par S. Sorbière, chap. I, § I-V. 1649.

Hobbes

La philosophie de Hobbes est née de la rencontre du problème fondamental de la politique : comment ramener la multiplicité des volontés individuelles à une volonté une ? En même temps qu'il a un sens philosophique propre, ce problème s'inscrit dans un contexte historique tout à fait particulier qui en redouble l'urgence : Hobbes rédige ses ouvrages de philosophie politique au cours de la guerre civile qui ravage l'Angleterre, laquelle voit s'opposer le roi Charles Ier et le Parlement, et qui est la scène, comme il le dit lui-même, du « spectacle de toutes les sortes d'injustices et de toutes les formes de folie que le monde pût fournir ». En 1642, date à laquelle parut *Le Citoyen*, le Parlement s'arrogea le contrôle des forces armées, ce qui fut l'étincelle qui déclencha les hostilités. Du reste, Hobbes s'exila en France dès 1640 pour échapper aux violences auxquelles étaient exposés ceux que l'on soupçonnait de soutenir le pouvoir monarchique. Le désastre provoqué par cette guerre civile est proprement impensable dans le cadre d'une doctrine philosophique qui place dans la nature humaine une disposition naturelle à la vie sociale. Si la nature elle-même incline les hommes à la paix, comment comprendre qu'ils se déchirent de la sorte ? Le moyen de contredire un penchant naturel ? Ici, Hobbes réfute *La Politique* d'Aristote selon laquelle « l'homme est un animal politique ». À cette définition théorique, Hobbes oppose de nombreuses « expériences » qui révèlent l'absence en l'homme de sociabilité naturelle. Poser, avec Aristote, que l'homme est « né sociable », c'est présupposer ce qui fait justement problème. La position du problème politique de l'unification de la multiplicité des individus implique d'étudier à la fois la nature de l'homme et la nature des relations interhumaines dans un état pré-politique. L'anthropologie découvre « l'égalité naturelle de tous les hommes ». Or, de cette égalité découle une crainte réciproque de chacun envers chacun. Nul n'est assez fort par nature pour se garantir de la violence des autres. Tel est « l'état de nature » : un état de guerre de tous contre tous. La vie est une course, une compétition où règne la « concurrence » entre rivaux. Et il ne saurait y avoir de rivalité que sur fond d'égalité. Rien ne prouve mieux l'égalité naturelle des hommes que leur égale prétention à affirmer leur supériorité, c'est-à-dire à faire la différence. Autrui représente une menace permanente pour ma survie : « quand on va se coucher, on ferme les portes ». La nature ne prédispose pas l'homme à la vie sociale, mais le plonge au contraire dans un état de guerre où les conflits, s'ils ne sont pas actuels, menacent à tout instant d'éclater. C'est ici que le rire intervient dans l'analyse de Hobbes à titre d'objection : cette passion ne témoigne-t-elle pas que les hommes se plaisent naturellement « à une mutuelle société » ? Car on ne rit pas tout seul mais bien en « société ». Hobbes lève cette objection apparente en débusquant derrière le « plaisir de la compagnie » le ferment de la compétition, partant, de la division, de la violence et du conflit. Le rire est par essence « raillerie » ou « risée ». Nous rions des « défauts » et des « infirmités » d'autrui parce qu'ils nous donnent le sentiment de notre supériorité. Rien n'est plus plaisant que de voir quelqu'un tomber dans la rue ou de le surprendre en train de dire une ânerie : « ce sont là les véritables délices de la société » ! À travers la moquerie, c'est la nature comme état de guerre qui s'exprime. On comprend donc que la fondation d'un état proprement social dans lequel les hommes sont enfin unifiés demande de rompre avec la nature et d'instituer une convention, un pacte, qui signe le triomphe de l'artifice. La politique est artificielle, ou n'est pas.

PASCAL

La Flatterie

Amour-propre. – La nature de l'amour-propre et de ce *moi* humain est de n'aimer que soi et de ne considérer que soi. Mais que fera-t-il ? Il ne saurait empêcher que cet objet qu'il aime ne soit plein de défauts et de misères : il veut être grand, il se voit petit ; il veut être heureux, et il se voit misérable ; il veut être parfait, et il se voit plein d'imperfections ; il veut être l'objet de l'amour et de l'estime des hommes, et il voit que ses défauts ne méritent que leur aversion et leur mépris. Cet embarras où il se trouve produit en lui la plus injuste et la plus criminelle passion qu'il soit possible de s'imaginer ; car il conçoit une haine mortelle contre cette vérité qui le reprend, et qui le convainc de ses défauts. Il désirerait de l'anéantir, et, ne pouvant la détruire en elle-même il la détruit, autant qu'il peut, dans sa connaissance et dans celle des autres ; c'est-à-dire qu'il met tout son soin à couvrir ses défauts et aux autres et à soi-même, et qu'il ne peut souffrir qu'on les lui fasse voir ni qu'on les voie.

C'est sans doute un mal que d'être plein de défauts ; mais c'est encore un plus grand mal que d'en être plein et de ne les vouloir pas reconnaître, puisque c'est y ajouter encore celui d'une illusion volontaire. Nous ne voulons pas que les autres nous trompent ; nous ne trouvons pas juste qu'ils veuillent être estimés de nous plus qu'ils ne méritent : il n'est donc pas juste aussi que nous les trompions et que nous voulions qu'ils nous estiment plus que nous ne méritons.

Ainsi, lorsqu'ils ne découvrent que des imperfections et des vices que nous avons en effet, il est visible qu'ils ne nous font point de tort, puisque ce ne sont pas eux qui en sont cause, et qu'ils nous font un bien, puisqu'ils nous aident à nous délivrer d'un mal, qui est l'ignorance de ces imperfections. Nous ne devons pas être fâchés qu'ils les connaissent, et qu'ils nous méprisent : étant juste et qu'ils nous connaissent pour ce que nous sommes, et qu'ils nous méprisent, si nous sommes méprisables.

Voilà les sentiments qui naîtraient d'un cœur qui serait plein d'équité et de justice. Que devons-nous donc dire du nôtre, en y voyant une disposition toute contraire ? Car n'est-il pas vrai que nous haïssons la vérité et ceux qui nous la disent, et que nous aimons qu'ils se trompent à notre avantage, et que nous voulons être estimés d'eux autres que nous ne sommes en effet ?

En voici une preuve qui me fait horreur. La religion catholique n'oblige pas à découvrir ses péchés indifféremment à tout le monde : elle souffre qu'on demeure caché à tous les autres hommes ; mais elle en excepte un seul, à qui elle commande de découvrir le fond de son cœur, et de se faire voir tel qu'on est. Il n'y a que ce seul homme au monde qu'elle nous ordonne de désabuser, et elle l'oblige à un secret inviolable, qui fait que cette connaissance est dans lui comme si elle n'y était pas. Peut-on s'imaginer rien de plus charitable et de plus doux ? Et néanmoins la corruption de l'homme est telle, qu'il trouve encore de la dureté dans cette loi ; et c'est une des principales raisons qui a fait révolter contre l'Église une grande partie de l'Europe.

Que le cœur de l'homme est injuste et déraisonnable, pour trouver mauvais qu'on l'oblige de faire à l'égard d'un homme ce qu'il serait juste, en quelque sorte, qu'il fît à l'égard de tous les hommes ! Car est-il juste que nous les trompions ?

Il y a différents degrés dans cette aversion pour la vérité ; mais on peut dire qu'elle est dans tous en quelque degré, parce qu'elle est inséparable de l'amour-propre. C'est cette mauvaise délicatesse qui oblige ceux qui sont dans la nécessité de reprendre les autres, de choisir tant de détours et de tempéraments pour éviter de les choquer. Il faut qu'ils diminuent nos défauts, qu'ils fassent semblant de les excuser, qu'ils y mêlent des louanges et des témoignages d'affection et d'estime. Avec tout cela, cette médecine ne laisse pas d'être amère à l'amour-propre. Il en prend le moins qu'il peut, et toujours avec dégoût, et souvent même avec un secret dépit contre ceux qui la lui présentent.

Il arrive de là que, si on a quelque intérêt d'être aimé de nous, on s'éloigne de nous rendre un office qu'on sait nous être désagréable ; on nous traite comme nous voulons être traités : nous haïssons la vérité, on nous la cache ; nous voulons être flattés, on nous flatte ; nous aimons à être trompés, on nous trompe.

C'est ce qui fait que chaque degré de bonne fortune qui nous élève dans le monde nous éloigne davantage de la vérité, parce qu'on appréhende plus de blesser ceux dont l'affection est plus utile et l'aversion plus dangereuse. Un prince sera la fable de toute l'Europe, et lui seul n'en saura rien. Je ne m'en étonne pas : dire la vérité est utile à celui à qui on la dit, mais désavantageux à ceux qui la disent, parce qu'ils se font haïr. Or, ceux qui vivent avec les princes aiment mieux leurs intérêts que celui du prince qu'ils servent ; et ainsi, ils n'ont garde de lui procurer un avantage en se nuisant à eux-mêmes.

Ce malheur est sans doute plus grand et plus ordinaire dans les plus grandes fortunes ; mais les moindres n'en sont pas exemptes, parce qu'il y a toujours quelque intérêt à se faire aimer des hommes. Ainsi la vie humaine n'est qu'une illusion perpétuelle ; on ne fait que s'entre-tromper et s'entre-flatter. Personne ne parle de nous en notre présence comme il en parle en notre absence. L'union qui est entre les hommes n'est fondée que sur cette mutuelle tromperie ; et peu d'amitiés subsisteraient, si chacun savait ce que son ami dit de lui lorsqu'il n'y est pas, quoiqu'il en parle alors sincèrement et sans passion.

L'homme n'est donc que déguisement, que mensonge et hypocrisie, et en soi-même et à l'égard des autres. Il ne veut donc pas qu'on lui dise la vérité. Il évite de la dire aux autres ; et toutes ces dispositions, si éloignées de la justice et de la raison, ont une racine naturelle dans son cœur.

Pensées, éd. L. Brunschvicg, fr. 100.

Pascal

La pierre ne se sait pas pierre. L'homme, lui, se connaît, c'est là son privilège en même temps que son malheur. Il voit son existence comme elle est : précaire, mesquine, bref misérable. Le savoir qu'il a de sa propre misère devrait conduire l'homme à se mépriser. Or, nous le voyons partout fier, arrogant, imbu de soi. Comment comprendre ce paradoxe ? Le moyen d'aimer cette créature misérable qu'on appelle « moi » ? « L'homme ne saurait empêcher que cet objet qu'il aime ne soit plein de défauts et de misères : il veut être grand, il se voit petit »... On considère d'ordinaire l'amour-propre comme une illusion fondée sur l'ignorance de ce « moi » que l'on aime. L'originalité de Pascal est de renverser cette définition commune et de montrer que l'amour-propre repose bien plutôt sur la connaissance de ses propres défauts. L'amour-propre est un mensonge que l'on se fait à soi-même. Or, le mensonge présuppose la connaissance de la vérité. Car on ne saurait cacher une vérité dont on ne sait rien. Ce n'est pas l'illusion qui est première, mais bien la connaissance de la vérité, c'est-à-dire de notre misère. Et il n'est pas possible d'oublier ni de « détruire » cette vérité une fois que l'on en a pris connaissance. Tout au plus peut-on s'évertuer à la « couvrir », à la dérober aux autres et à soi-même. Mais les efforts que nous faisons pour nous cacher n'ont d'autre effet que de nous exhiber au grand jour. « L'illusion volontaire » qui rend possible l'amour-propre engage aussi les autres dans l'opinion qu'ils ont de nous, ou plutôt qu'ils nous disent avoir de nous. Nous exigeons d'autrui qu'il nous flatte afin de nous confirmer dans notre illusion. En effet, « nous haïssons la vérité et ceux qui nous la disent ». Nous ne saurions nous entendre avec une personne qui nous dirait nos quatre vérités. La flatterie est le fondement même de la vie collective : « l'union qui est entre les hommes n'est fondée que sur cette mutuelle tromperie ». Les fables de La Fontaine grouillent de ces amitiés fondées sur la flatterie : le renard, expert en la matière, ne fait-il pas précéder sa tirade d'un « sans mentir » qui dit bien le fond de sa pensée ? Et les animaux malades de la peste applaudissent aux moindres faits et gestes de leur souverain : « et flatteurs d'applaudir ». Ici et là le diagnostic est le même : « l'homme n'est donc que déguisement, que mensonge et hypocrisie, et en soi-même et à l'égard des autres ». La flatterie est un « divertissement » collectif. Et c'est sur les ruines de l'amour-propre que l'amour de Dieu pourrait s'élever.

Spinoza

Le Somnambule

Bien que la nature des choses ne permette pas de doute à ce sujet, je crois cependant qu'à moins de leur donner de cette vérité une confirmation expérimentale, les hommes se laisseront difficilement induire à examiner ce point d'un esprit non prévenu ; si grande est leur persuasion que le Corps tantôt se meut, tantôt cesse de se mouvoir au seul commandement de l'Âme, et fait un grand nombre d'actes qui dépendent de la seule volonté de l'Âme et de son art de penser. Personne, il est vrai, n'a jusqu'à présent déterminé ce que peut le Corps, c'est-à-dire l'expérience n'a enseigné à personne jusqu'à présent ce que, par les seules lois de la Nature considérée en tant seulement que corporelle, le Corps peut faire et ce qu'il ne peut pas faire à moins d'être déterminé par l'Âme. Personne en effet ne connaît si exactement la structure du Corps qu'il ait pu en expliquer toutes les fonctions, pour ne rien dire ici de ce que l'on observe maintes fois dans les Bêtes qui dépasse de beaucoup la sagacité humaine, et de ce que font très souvent les somnambules pendant le sommeil, qu'ils n'oseraient pas pendant la veille, et cela montre assez que le Corps peut, par les seules lois de sa nature, beaucoup de choses qui causent à son Âme de l'étonnement. Nul ne sait, en outre, en quelle condition ou par quels moyens l'Âme meut le Corps, ni combien de degrés de mouvement elle peut lui imprimer et avec quelle vitesse elle peut le mouvoir. D'où suit que les hommes, quand ils disent que telle ou telle action du Corps vient de l'Âme, qui a un empire sur le Corps, ne savent pas ce qu'ils disent et ne font rien d'autre qu'avouer en un langage spécieux leur ignorance de la vraie cause d'une action qui n'excite pas en eux d'étonnement. Mais, dira-t-on, que l'on sache ou que l'on ignore par quels moyens l'Âme meut le Corps, on sait cependant, par expérience, que le Corps serait inerte si l'Âme humaine n'était apte à penser. On sait de même, par expérience, qu'il est également au seul pouvoir de l'Âme de parler et de se taire et bien d'autres choses que l'on croit par suite dépendre du décret de l'Âme. Mais, quand au *premier* argument, je demande à ceux qui invoquent l'expérience, si elle n'enseigne pas aussi que, si de son côté le Corps est inerte, l'Âme est en même temps privée d'aptitude à penser ? Quand le Corps est au repos dans le sommeil, l'Âme en effet reste endormie avec lui et n'a pas le pouvoir de penser comme pendant la veille. Tous savent aussi par expérience, à ce que je crois, que l'Âme n'est pas toujours également apte à penser sur un même objet et qu'en proportion de l'aptitude du Corps à se prêter au réveil de l'image de tel ou tel objet, l'Âme est aussi plus apte à considérer tel ou tel objet. Dira-t-on qu'il est impossible de tirer des seules lois de la nature, considérée seulement en tant que corporelle, les causes des édifices, des peintures et des choses de cette sorte qui se font par le seul art de l'homme, et que le Corps humain, s'il n'était déterminé et conduit par l'Âme, n'aurait pas le pouvoir d'édifier un temple ? J'ai déjà montré qu'on ne sait pas ce que peut le Corps ou ce qui se peut tirer de la seule considération de sa nature propre et que, très souvent, l'expérience oblige à le reconnaître, les seules lois de la Nature peuvent faire ce qu'on n'eût jamais cru possible sans la direction de l'Âme ; telles sont les actions des somnambules pendant le sommeil, qui les étonnent eux-mêmes quand ils sont éveillés. Je joins à cet exemple la structure même du Corps humain qui surpasse de bien loin en artifice tout ce que l'art humain peut bâtir, pour ne rien dire ici de ce que j'ai montré plus haut : que de la Nature considérée sous un attribut quelconque suivent une infinité de choses. Pour ce qui est maintenant du *second* argument, certes les affaires des hommes seraient en bien meilleur point s'il était également au pouvoir des hommes tant de se taire que de parler, mais, l'expérience l'a montré surabondamment, rien n'est moins au pouvoir des hommes que de tenir leur langue, et il n'est rien qu'ils puissent moins faire que de gouverner leurs appétits ; et c'est pourquoi la plupart croient que notre liberté d'action existe seulement à l'égard des choses où nous tendons légèrement, parce que l'appétit peut en être aisément contraint par le souvenir de quelque autre chose fréquemment rappelée ; tandis que nous ne sommes pas du tout libres quand il s'agit de choses auxquelles nous tendons avec une affection vive que le souvenir d'une autre chose ne peut apaiser. S'ils ne savaient d'expérience cependant que maintes fois nous regrettons nos actions et que souvent, quand nous sommes dominés par des affections contraires, nous voyons le meilleur et faisons le pire, rien ne les empêcherait de croire que toutes nos actions sont libres. C'est ainsi qu'un petit enfant croit librement appéter le lait, un jeune garçon en colère vouloir la vengeance, un peureux la fuite. Un homme en état d'ébriété aussi croit dire par un libre décret de l'Âme ce que, sorti de cet état, il voudrait avoir tu ; de même le délirant, la bavarde, l'enfant et un très grand nombre d'individus de même farine croient parler par un libre décret de l'Âme, alors cependant qu'ils ne peuvent contenir l'impulsion qu'ils ont à parler ; l'expérience donc fait voir aussi clairement que la Raison que les hommes se croient libres pour cette seule cause qu'ils sont conscients de leurs actions et ignorants des causes par où ils sont déterminés ; et, en outre, que les décrets de l'Âme ne sont rien d'autre que les appétits eux-mêmes et varient en conséquence selon la disposition variable du Corps. Chacun, en effet, gouverne tout suivant son affection, et ceux qui, de plus, sont dominés par des affections contraires, ne savent ce qu'ils veulent ; pour ceux qui sont sans affection, ils sont poussés d'un côté ou de l'autre par le plus léger motif. Tout cela certes montre clairement qu'aussi bien le décret que l'appétit de l'Âme, et la détermination du Corps sont de leur nature choses simultanées, ou plutôt sont une seule et même chose que nous appelons Décret quand elle est considérée sous l'attribut de la Pensée et expliquée par lui. Détermination quand elle est considérée sous l'attribut de l'Étendue et déduite des lois du mouvement et du repos, et cela se verra encore plus clairement par ce qui me reste à dire. Je voudrais en effet que l'on observât particulièrement ce qui suit : nous ne pouvons rien faire par décret de l'Âme que nous n'en ayons d'abord le souvenir. Par exemple, nous ne pouvons dire un mot à moins qu'il ne nous en souvienne. D'autre part, il n'est pas au libre pouvoir de l'Âme de se souvenir d'une chose ou de l'oublier. On croit donc que ce qui est au pouvoir de l'Âme, c'est seulement quand nous pouvons dire ou taire suivant son décret la chose dont il nous souvient. Quand cependant nous rêvons que nous parlons, nous croyons parler par le seul décret de l'Âme, et néanmoins nous ne parlons pas ou, si nous parlons, cela se fait par un mouvement spontané du Corps. Nous rêvons aussi que nous cachons aux hommes certaines choses, et cela par le même décret de l'Âme en vertu duquel pendant la veille nous taisons ce que nous savons. Nous rêvons enfin que nous faisons par un décret de l'Âme ce que, pendant la veille, nous n'osons pas. Je voudrais bien savoir, en conséquence, s'il y a dans l'Âme deux genres de décrets, les Imaginaires et les Libres ? Que si l'on ne veut pas aller jusqu'à ce point d'extravagance, il faudra nécessairement accorder que ce décret de l'Âme, cru libre, ne se distingue pas de l'imagination elle-même ou du souvenir, et n'est rien d'autre que l'affirmation nécessairement enveloppée dans l'idée en tant qu'elle est idée. Et ainsi ces décrets se forment dans l'Âme avec la même nécessité que les idées des choses existant en acte. Ceux donc qui croient qu'ils parlent, ou se taisent, ou font quelque action que ce soit, par un libre décret de l'Âme, rêvent les yeux ouverts.

Éthique, traduit du latin par Appuhn, III, prop. II, scolie.
Paris, G-F, 1965.

Spinoza

On doit à Gilles Deleuze d'avoir signalé l'importance de ce texte de Spinoza dont la phrase-clé a valeur de programme : « on ne sait pas ce que peut le corps ». La tâche de la philosophie est de revenir sur cet oubli du corps et d'étudier l'étendue de sa puissance. Plus précisément, il s'agit de ne pas prendre des mouvements spontanés du corps pour de libres décisions de l'âme. En réduisant, par ignorance, la puissance du corps, on prête à l'âme une liberté d'action imaginaire. On n'imagine pas tout ce que le corps peut faire par ses propres forces, c'est-à-dire sans l'intervention de l'âme. Spinoza s'attache ici à fournir « une confirmation expérimentale » de cette vérité selon laquelle celles-là même de nos actions qui nous semblent les plus libres sont déterminées par les affections ou les appétits de notre corps. Ainsi notre usage de la parole n'est-il pas de l'ordre d'une action de l'âme mais d'une passion du corps : « rien n'est moins au pouvoir des hommes que de tenir leur langue ». Le bavardage en est l'illustration concrète. C'est une passion qu'on ne saurait réprimer. Les élèves le savent bien, qui ne cessent de bavarder que sous l'effet d'une passion plus forte (la peur de la sanction), et non pas par décision sage de faire ce que demande le professeur. Combien de fois ne dit-on pas qu'une parole nous a échappée ? Mais ce n'est pas seulement au niveau de la parole que la puissance du corps se manifeste. C'est encore au niveau de nos actions et même de notre pensée. Le sommeil du corps ne plonge-t-il pas notre esprit dans une sorte de léthargie qui lui ôte « le pouvoir de penser comme pendant la veille » ? Nos rêves sont l'expression d'une pensée livrée à la puissance du corps. Les « actions des somnambules pendant le sommeil » dépossèdent l'esprit de tout pouvoir de décision. Plus encore, la puissance du corps est telle qu'elle peut nous faire agir contre nos décisions : « nous voyons le meilleur et faisons le pire ». Combien de bonnes résolutions ne restent-elles pas lettres mortes ? Le fumeur choisit de s'arrêter de fumer mais préfère continuer. L'élève décide de se mettre au travail mais continue de paresser. Toutes ces expériences quotidiennes dénoncent l'illusion du libre-arbitre. Un homme pris de boisson éprouve un vif sentiment de liberté. Il a l'impression d'être enfin libéré des entraves qui l'empêchaient jusqu'ici d'agir et de parler à sa guise. Mais il oublie que c'est le vin qui lui a délié la langue et non pas « un libre décret de l'esprit ». Les remords qui le saisissent une fois qu'il est sorti de cet état montrent qu'il ne se reconnaît pas dans ce qu'il a fait ou dit sans le vouloir. Ce qu'il avouera en déclarant : « c'était plus fort que moi ». L'acte libre constitue du reste en lui-même une aberration dans la mesure où il représente une entorse au principe de causalité selon lequel il n'y a pas d'effet sans cause. Or, qu'est-ce qu'un acte libre sinon un effet sans cause ? L'acte libre prétend répudier la question « pourquoi ? » Répondre à cette question, c'est assigner à l'acte une cause, un principe déterminant, et par conséquent l'inscrire dans une chaîne causale. C'est proprement « rêver les yeux ouverts » que de croire en un acte sans cause. D'où vient donc le sentiment de liberté que nous ne laissons pas d'éprouver ? Du fait que nous voyons ce que nous faisons (comme l'homme ivre qui danse sur les tables) tout en ignorant le pourquoi (en l'occurrence la prise de boisson) de ce que nous faisons. La liberté est une illusion qui se nourrit de l'ignorance des « impulsions » du corps qui œuvrent dans notre dos : « les hommes se croient libres pour cette seule cause qu'ils sont conscients de leurs actions et ignorants des causes par où ils sont déterminés ». Nous croyons agir librement lorsqu'en vérité nous sommes agis.

LEIBNIZ

L'Avare

41. PHILALÈTHE. *Si on demande outre cela ce que c'est qui excite le désir, nous répondons que c'est le bonheur et rien autre chose. Le bonheur et la misère sont des noms de deux extrémités dont les dernières bornes nous sont inconnues. C'est ce que l'œil n'a point vu, que l'oreille n'a point entendu et que le cœur de l'homme n'a jamais compris. Mais il se fait en nous de vives impressions de l'un et de l'autre par différentes espèces de satisfaction et de joie, de tourments et de chagrin, que je comprends, pour abréger, sous les noms de plaisir et de douleur, qui conviennent l'un et l'autre à l'esprit aussi bien qu'au corps, ou qui, pour parler plus exactement, n'appartiennent qu'à l'esprit, quoique tantôt ils prennent leur origine dans l'esprit à l'occasion de certaines pensées et tantôt dans le corps à l'occasion de certaines modifications du mouvement.*

42. *Ainsi le bonheur pris dans toute son étendue est le plus grand plaisir dont nous soyons capables, comme la misère, prise de même, est la plus grande douleur que nous puissions ressentir. Et le plus bas degré de ce qu'on peut appeler bonheur, c'est cet état où, délivré de toute douleur, on jouit d'une telle mesure de plaisir présent qu'on ne saurait être content avec moins. Nous appelons bien ce qui est propre à produire en nous du plaisir, et nous appelons mal ce qui est propre à produire en nous de la douleur. Cependant il arrive souvent que nous ne le nommons pas ainsi, lorsque l'un ou l'autre de ces biens ou de ces maux se trouvent en concurrence avec un plus grand bien ou un plus grand mal.*

THÉOPHILE. Je ne sais si le plus grand plaisir est possible ; je croirais plutôt qu'il peut croître à l'infini, car nous ne savons pas jusqu'où nos connaissances et nos organes peuvent être portés dans toute cette éternité qui nous attend. Je croirais donc que le bonheur est un plaisir durable, ce qui ne saurait avoir lieu dans une progression continuelle à de nouveaux plaisirs. Ainsi de deux dont l'un ira incomparablement plus vite et par de plus grands plaisirs que l'autre, chacun sera heureux en soi même et à part soi, quoique leur bonheur soit fort inégal. Le bonheur est donc pour ainsi dire un chemin par des plaisirs ; et le plaisir n'est qu'un pas et un avancement vers le bonheur, le plus court qui se peut faire suivant les présentes impressions, mais non pas toujours le meilleur, comme j'ai dit vers la fin du § 36. On peut manquer le vrai chemin, en voulant suivre le plus court, comme la pierre allant droit peut rencontrer trop tôt des obstacles, qui l'empêchent d'avancer assez vers le centre de la terre. Ce qui fait connaître que c'est la raison et la volonté qui nous mènent vers le bonheur, mais que le sentiment et l'appétit ne nous portent que vers le plaisir. Or quoique le plaisir ne puisse point recevoir une définition nominale, non plus que la lumière ou la chaleur, il en peut pourtant recevoir une causale comme elles, et je crois que dans le fond le plaisir est un sentiment de perfection et la douleur un sentiment d'imperfection, pourvu qu'il soit assez notable pour faire qu'on s'en puisse apercevoir ; car les petites perceptions insensibles de quelque perfection ou imperfection, qui sont comme les éléments du plaisir et de la douleur, et dont j'ai parlé tant de fois, forment des inclinations et des penchants, mais pas encore les passions mêmes. Ainsi il y a des inclinations insensibles et dont on ne s'aperçoit pas ; il y en a de sensibles, dont on connaît l'existence et l'objet, mais dont on ne sent pas la formation, et ce sont des inclinations confuses, que nous attribuons au corps quoiqu'il y ait toujours quelque chose qui y réponde dans l'esprit ; enfin il y a des inclinations distinctes, que la raison nous donne, dont nous sentons et la force et la formation ; et les plaisirs de cette nature qui se trouvent dans la connaissance et la production de l'ordre et l'harmonie sont les plus estimables. L'auteur a raison de dire que généralement toutes ces inclinations, passions, plaisirs et douleurs n'appartiennent qu'à l'esprit, ou à l'âme. J'ajouterai même que l'origine de chacune est dans l'âme même, en prenant les choses dans une certaine rigueur métaphysique, mais que néanmoins on a raison de dire que les pensées confuses viennent du corps, parce que là-dessus la considération du corps et non pas celle de l'âme fournit quelque chose de distinct et d'explicable. Le bien est ce qui sert ou confère au plaisir, comme le mal ce qui confère à la douleur. Mais dans le conflit avec un plus grand bien, le bien qui nous en priverait pourrait devenir véritablement un mal, en tant qu'il conférerait à la douleur qui en devrait naître.

47. PHILALÈTHE. *L'âme a le pouvoir de suspendre l'accomplissement de quelques-uns de ces désirs, et est par conséquent en liberté de les considérer l'un après l'autre, et de les comparer. C'est en cela que consiste la liberté de l'homme et ce que nous appelons, quoique improprement à mon avis, libre arbitre ; et c'est du mauvais usage qu'il en fait que procède toute cette diversité d'égarements, d'erreurs* *et de fautes où nous nous précipitons lorsque nous déterminons notre volonté trop promptement ou trop tard.*

THÉOPHILE. L'exécution de notre désir est suspendue ou arrêtée lorsqu'il n'est pas assez fort pour émouvoir et pour surmonter la peine ou l'incommodité qu'il y a de le satisfaire : et cette peine ne consiste quelquefois que dans une paresse ou lassitude insensible, qui rebute sans qu'on y prenne garde, et qui est plus grande en des personnes élevées dans la mollesse ou dont le tempérament est flegmatique, ou qui sont rebutées par l'âge ou les mauvais succès. Mais lorsque le désir est assez fort en lui-même pour émouvoir si rien ne l'empêchait, il peut être arrêté par des inclinations contraires ; soit qu'elles consistent dans un simple penchant, qui est comme l'élément ou le commencement du désir, soit qu'elles aillent jusqu'au désir même. Mais comme ces inclinations, penchants et désirs contraires se doivent trouver déjà dans l'âme, elle ne les a pas, en son pouvoir, et par conséquent ne pourrait pas résister d'une manière libre et volontaire, où la raison puisse avoir part, si elle n'avait encore un autre moyen, qui est celui de détourner l'esprit ailleurs. Mais comment s'aviser de le faire au besoin ? car c'est là le point, surtout quand on est occupé d'une forte passion. Il faut donc que l'esprit soit préparé par avance et se trouve déjà en train d'aller de pensée en pensée, pour ne se pas trop arrêter dans un pas glissant et dangereux. Il est bon pour cela de s'accoutumer généralement à ne penser que comme en passant à certaines choses, pour se mieux conserver la liberté d'esprit. Mais le meilleur est de s'accoutumer à procéder méthodiquement et à s'attacher à un train de pensées dont la raison et non le hasard (c'est-à-dire les impressions insensibles et casuelles) fasse la liaison. Et pour cela il est bon de s'accoutumer à se recueillir de temps en temps, et à s'élever au-dessus du tumulte présent des impressions, à sortir pour ainsi dire de la place où l'on est, à se dire : *dic cur hic respice finem, où en sommes-nous ? à propos ou venons au propos, venons au fait*. Les hommes auraient bien souvent besoin de quelqu'un, établi en titre d'office (comme en avait Philippe, le père d'Alexandre le Grand), qui les interrompît et les rappelât à leur devoir. Mais au défaut d'un tel officier, il est bon que nous soyons stylés à nous rendre cet office nous-mêmes. Or étant une fois en état d'arrêter l'effet de nos désirs et passions, c'est-à-dire de suspendre l'action, nous pouvons trouver les moyens de les combattre, soit par des désirs ou des inclinations contraires, soit par diversion, c'est-à-dire par des occupations d'une autre nature. C'est par ces méthodes et ces artifices que nous devenons comme r aîtres de nous-mêmes, que nous pouvons nous faire penser et faire vouloir avec le temps ce que nous voudrions vouloir et ce que la raison ordonne. Cependant c'est toujours par des voies déterminées et jamais sans sujet ou par le principe imaginaire d'une indifférence parfaite ou d'équilibre, dans laquelle quelques-uns voudraient faire consister l'essence de la liberté, comme si on pouvait se déterminer sans sujet et même contre tout sujet et aller directement contre toute la prévalence des impressions et des penchants. Sans sujet dis-je, c'est-à-dire sans l'opposition d'autres inclinations, ou sans qu'on soit par avance en train de détourner l'esprit, ou sans quelque autre moyen pareil explicable ; autrement c'est recourir au chimérique, comme dans les facultés nues ou qualités occultes scolastiques, où il n'y a ni rime ni raison.

48. PHILALÈTHE. Je suis aussi pour cette détermination intelligible de la volonté par ce qui est dans la perception et dans l'entendement. *Vouloir et agir conformément au dernier résultat d'un sincère examen, c'est plutôt une perfection qu'un défaut de notre nature. Et tant s'en faut que ce soit là ce qui étouffe ou abrège la liberté, que c'est ce qu'elle a de plus parfait et de plus avantageux. Et plus nous sommes éloignés de nous déterminer de cette manière, plus nous sommes près de la misère et de l'esclavage. En effet, si vous supposez dans l'esprit une parfaite et absolue indifférence qui ne puisse être déterminée par le dernier jugement qu'il fait du bien ou du mal, vous le mettrez dans un état très imparfait.*

THÉOPHILE. Tout cela est fort à mon gré et fait voir que l'esprit n'a pas un pouvoir entier et direct d'arrêter toujours ses désirs, autrement il ne serait jamais déterminé, quelque examen qu'il pût faire et quelques bonnes raisons ou sentiments efficaces qu'il pût avoir, et il demeurerait toujours irrésolu et flotterait éternellement entre la crainte et l'espérance. Il faut donc qu'il soit enfin déterminé, et qu'ainsi il ne puisse s'opposer qu'indirectement à ses désirs en se préparant par avance des armes qui les combattent au besoin, comme je viens de l'expliquer.

PHILALÈTHE. *Cependant un homme est en liberté de porter sa main sur la tête ou de la laisser en repos ; il est parfaitement indifférent à l'égard de l'une et de l'autre de ces choses, et ce serait une imperfection en lui si ce pouvoir lui manquait.*

THÉOPHILE. À parler exactement, on n'est jamais indifférent à l'égard de deux partis, quels qu'on puisse proposer, par exemple de tourner à droite ou à gauche, de mettre le pied droit devant (comme il fallait chez Trimalcion) ou le gauche ; car nous faisons l'un ou l'autre sans y penser, et c'est une marque qu'un concours de dispositions intérieures et impressions extérieures (quoique insensibles toutes deux) nous détermine au parti que nous prenons. Cependant la prévalence est bien petite, et c'est au besoin comme si nous étions indifférents à cet égard, puisque le moindre sujet sensible qui se présente à nous est capable de nous déterminer sans difficulté à l'un plutôt qu'à l'autre ; et quoiqu'il y ait un peu de peine à lever le bras pour porter la main sur sa tête, elle est si petite que nous la surmontons sans difficulté ; autrement j'avoue que ce serait une grande imperfection, si l'homme y était moins indifférent et s'il lui manquait le pouvoir de se déterminer facilement à lever ou à ne pas lever le bras.

PHILALÈTHE. *Mais ce ne serait pas moins une grande imperfection, s'il avait la même indifférence en toutes les rencontres, comme lorsqu'il voudrait défendre sa tête ou ses yeux d'un coup dont il se verrait prêt d'être frappé.* C'est-à-dire s'il lui était aussi aisé d'arrêter ce mouvement que les autres dont nous venons de parler et où il est presque indifférent ; car cela ferait qu'il n'y serait pas porté assez fortement ni assez promptement dans le besoin. Ainsi la détermination nous est utile et nécessaire bien souvent ; et si nous étions peu déterminés en toute sorte de rencontres et comme insensibles aux raisons tirées de la perception du bien ou du mal, nous serions sans choix effectif. *Et si nous étions déterminés par autre chose que par le dernier résultat que nous avons formé dans notre propre esprit selon que nous avons jugé du bien ou du mal d'une certaine action, nous ne serions point libres.*

THÉOPHILE. Il n'y a rien de si vrai, et ceux qui cherchent une autre liberté ne savent point ce qu'ils demandent.

49. PHILALÈTHE. *Ces êtres supérieurs qui jouissent d'une parfaite félicité sont déterminés au choix du bien plus fortement que nous ne sommes et cependant nous n'avons pas raison de nous figurer qu'ils soient moins libres que nous.*

THÉOPHILE. Les théologiens disent pour cela que ces substances bienheureuses sont confirmées dans le bien et exemptes de tout danger de chute.

PHILALÈTHE. Je crois même que *s'il convenait à de pauvres créatures finies, comme nous sommes, de juger de ce que pourrait faire une sagesse et une bonté infinie, nous pourrions dire que Dieu lui-même ne saurait choisir ce qui n'est pas bon et que la liberté de cet être tout-puissant ne l'empêche pas d'être déterminé par ce qui est le meilleur.*

THÉOPHILE. Je suis tellement persuadé de cette vérité que je crois que nous la pouvons assurer hardiment, toutes pauvres et finies créatures que nous sommes, et que même nous aurions grand tort d'en douter ; car nous dérogerions par cela même à sa sagesse, à sa bonté et à ses autres perfections infinies. Cependant le choix, quelque déterminée que la volonté y soit, ne doit pas être appelé nécessaire absolument et à la rigueur ; la prévalence des biens aperçus incline sans nécessiter, quoique, tout considéré, cette inclination soit déterminante et ne manque jamais de faire son effet.

50. PHILALÈTHE. Être déterminé par la raison au meilleur, c'est être le plus libre. *Quelqu'un voudrait-il être imbécile, par cette raison qu'un imbécile est moins déterminé par de sages réflexions qu'un homme de bon sens ? Si la liberté consiste à secouer le joug de la raison, les fols et les insensés seront les seuls libres, mais je ne crois pourtant pas que pour l'amour d'une telle liberté personne voulût être fou, hormis celui qui l'est déjà.*

THÉOPHILE. Il y a des gens aujourd'hui qui croient qu'il est du bel esprit de déclamer contre la raison, et de la traiter de pédant incommode. Je vois de petits livrets de diseurs de rien, qui s'en font fête, et même je vois quelquefois des vers trop beaux pour être employés à de si fausses pensées. En effet, si ceux qui se moquent de la raison parlaient tout de bon, ce serait une extravagance de nouvelle espèce, inconnue aux siècles passés. Parler contre la raison, c'est parler contre la vérité, car la raison est un enchaînement de vérités. C'est parler contre soi-même, et contre son bien, puisque le point principal de la raison consiste à le connaître et à le suivre.

51. PHILALÈTHE. *Comme donc la plus haute perfection d'un être intelligent consiste à s'appliquer soigneusement et constamment à la recherche du véritable bonheur, de même le soin que nous devons avoir de ne pas prendre pour une félicité réelle celle qui n'est qu'imaginaire est le fondement de notre liberté : plus nous sommes liés à la recherche invariable du bonheur en général, qui ne cesse jamais d'être l'objet de nos désirs, plus notre volonté se trouve dégagée de la nécessité d'être déterminée par le désir, qui nous porte vers quelque bien particulier jusqu'à ce que nous ayons examiné s'il se rapporte ou s'oppose à notre véritable bonheur.*

THÉOPHILE. Le vrai bonheur devrait toujours être l'objet de nos désirs, mais il y a lieu de douter qu'il le soit : car souvent on n'y pense guère, et j'ai remarqué ici plus d'une fois qu'à moins que l'appétit soit guidé par la raison, il tend au plaisir présent, et non pas au bonheur, c'est-à-dire au plaisir durable, quoiqu'il tende à le faire durer : voyez § 36 et § 41.

53. PHILALÈTHE. *Si quelque trouble excessif vient à s'emparer entièrement de notre âme, comme serait la douleur d'une cruelle torture, nous ne sommes pas assez maître de notre esprit. Cepen-*

dant, pour modérer nos passions autant qu'il se peut, nous devons faire prendre à notre esprit le goût du bien et du mal réel et effectif, et ne pas permettre qu'un bien excellent et considérable nous échappe de l'esprit sans laisser quelque goût, jusqu'à ce que nous ayons excité en nous des désirs proportionnés à son excellence, de sorte que son absence nous rende inquiets aussi bien que la crainte de le perdre lorsque nous en jouissons.

THÉOPHILE. Cela convient assez avec les remarques que je viens de faire aux §§ 31 et 35 et avec ce que j'ai dit plus d'une fois des plaisirs lumineux, où l'on comprend comment ils nous perfectionnent sans nous mettre en danger de quelque imperfection plus grande, comme font les plaisirs confus des sens, dont il faut se garder, surtout lorsqu'on n'a pas reconnu par l'expérience qu'on s'en pourra servir sûrement.

PHILALÈTHE. *Et que personne ne dise ici qu'il ne saurait maîtriser ses passions ni empêcher qu'elles ne se déchaînent et le forcent d'agir ; car ce qu'il peut faire devant un prince ou quelque grand homme, il peut le faire, s'il veut, lorsqu'il est seul ou en la présence de Dieu.*

THÉOPHILE. Cette remarque est très bonne et digne qu'on y réfléchisse souvent.

54. PHILALÈTHE. *Cependant les différents choix, que les hommes font dans ce monde prouvent que la même chose n'est pas également bonne pour chacun d'eux. Et si les intérêts de l'homme ne s'étendaient pas au-delà de cette vie, la raison de cette diversité, qui fait par exemple que ceux-ci se plongent dans le luxe et dans la débauche et que ceux-là préfèrent la tempérance à la volupté, viendrait seulement de ce qu'ils placeraient leur bonheur dans les choses différentes.*

THÉOPHILE. Elle en vient encore maintenant, quoiqu'ils aient tous ou doivent avoir devant les yeux cet objet commun de la vie future. Il est vrai que la considération du vrai bonheur, même de cette vie, suffirait à préférer la vertu aux voluptés, qui en éloignent, quoique l'obligation ne fût pas si forte alors ni si décisive. Il est vrai aussi que les goûts des hommes sont différents, et l'on dit qu'il ne faut point disputer des goûts. Mais comme ce ne sont que des perceptions confuses, il ne faut s'y attacher que dans les objets examinés et reconnus pour indifférents et incapables de nuire : autrement si quelqu'un trouvait du goût dans les poisons, qui le tueraient ou le rendraient misérable, il serait ridicule de dire qu'on ne doit point lui contester ce qui est de son goût.

55. PHILALÈTHE. *S'il n'y a rien à espérer au-delà du tombeau, la conséquence est sans doute fort juste : mangeons et buvons, jouissons de tout ce qui nous fait plaisir, car demain nous mourrons.*

THÉOPHILE. Il y a quelque chose à dire à mon avis à cette conséquence. Aristote et les stoïciens et plusieurs autres anciens philosophes étaient d'un autre sentiment, et en effet je crois qu'ils avaient raison. Quand il n'y aurait rien au-delà de cette vie, la tranquillité de l'âme et la santé du corps ne laisseraient pas d'être préférables aux plaisirs qui seraient contraires. Et ce n'est pas là une raison de négliger un bien, parce qu'il ne durera pas toujours. Mais j'avoue qu'il y a des cas où il n'y aurait pas moyen de démontrer que le plus honnête soit aussi le plus utile. C'est donc la seule considération de Dieu et de l'immortalité qui rend les obligations de la vertu et de la justice absolument indispensables.

58. PHILALÈTHE. *Il me semble que le jugement présent que nous faisons du bien et du mal est toujours droit. Et pour ce qui est de la félicité ou de la misère présente, lorsque la réflexion ne va pas plus loin, et que toutes conséquences sont entièrement mises en quartier, l'homme ne choisit jamais mal.*

THÉOPHILE. C'est-à-dire : si tout était borné à ce moment présent, il n'y aurait point de raison de refuser le plaisir qui se présente. En effet j'ai remarqué ci-dessus que tout plaisir est un sentiment de perfection. Mais il y a certaines perfections qui entraînent avec elles des imperfections plus grandes. Comme si quelqu'un s'attachait pendant toute sa vie à jeter des pois contre des épingles pour apprendre à ne point manquer de les faire enferrer, à l'exemple de celui à qui Alexandre le Grand fit donner pour récompense un boisseau de pois, cet homme parviendrait à une certaine perfection, mais fort mince et indigne d'entrer en comparaison avec tant d'autres perfections très nécessaires qu'il aurait négligées. C'est ainsi que la perfection qui se trouve dans certains plaisirs présents doit céder surtout au soin des perfections qui sont nécessaires afin qu'on ne soit plongé dans la misère, qui est l'état où l'on va d'imperfection en imperfection, ou de douleur en douleur. Mais s'il n'y avait que le présent, il faudrait se contenter de la perfection qui s'y présente, c'est-à-dire du plaisir présent.

62. PHILALÈTHE. *Personne ne rendrait volontairement sa condition malheureuse, s'il n'y était porté par de faux jugements. Je ne parle pas des méprises, qui sont des suites d'une erreur invincible et qui méritent à peine le nom de faux jugement, mais de ce faux jugement, qui est tel par la propre confession que chaque homme en doit faire en soi-même.*

63. *Premièrement donc, l'âme se méprend lorsque nous comparons le plaisir ou la douleur présente avec un plaisir et une douleur à venir, que nous mesurons par la différente distance où elles se trouvent à notre égard ; semblables à un héritier prodigue, qui pour la possession présente de peu de chose renoncerait à un grand héritage, qui ne lui pourrait manquer. Chacun doit reconnaître ce faux jugement, car l'avenir deviendra présent et aura alors le même avantage de la proximité. Si dans le moment que l'homme prend le verre en main, le plaisir de boire était accompagné des douleurs de tête et de maux d'estomac qui lui arriveront en peu d'heures, il ne voudrait pas goûter du vin du bout des lèvres. Si une petite différence de temps fait tant d'illusion, à bien plus forte raison une plus grande distance fera le même effet.*

THÉOPHILE. Il y a quelque convenance ici entre la distance des lieux et celle des temps. Mais il y a cette différence aussi, que les objets visibles diminuent leur action sur la vue à peu près à proportion de la distance et il n'en est pas de même à l'égard des objets à venir, qui agissent sur l'imagination et l'esprit. Les rayons visibles sont des lignes droites, qui s'éloignent proportionnellement, mais il y a des lignes courbes, qui après quelque distance paraissent tomber dans la droite et ne s'en éloignent plus sensiblement, c'est ainsi que font les asymptotes dont l'intervalle apparent de la ligne droite disparaît, quoique dans la vérité des choses elles en demeurent séparées éternellement. Nous trouvons même qu'enfin l'apparence des objets ne diminue point à proportion de l'accroissement de la distance, car l'apparence disparaît entièrement bientôt, quoique l'éloignement ne soit point infini. C'est ainsi qu'une petite distance des temps nous dérobe entièrement l'avenir, tout comme si l'objet était disparu. Il n'en reste souvent que le nom dans l'esprit et cette espèce de pensées, dont j'ai déjà parlé, qui sont sourdes et incapables de toucher, si on n'y a pourvu par méthode et par habitude.

PHILALÈTHE. *Je ne parle point ici de cette espèce de faux jugement, par lequel ce qui est absent n'est pas seulement diminué mais tout à fait anéanti dans l'esprit des hommes, quand ils jouissent de tout ce qu'ils peuvent obtenir pour le présent, et en concluent qu'il ne leur en arrivera aucun mal.*

THÉOPHILE. C'est une autre espèce de faux jugement lorsque l'attente du bien ou du mal à venir est anéantie, parce qu'on nie ou qu'on met en doute la conséquence qui se tire du présent ; mais hors de cela, l'erreur qui anéantit le sentiment de l'avenir est la même chose avec ce faux jugement dont j'ai déjà parlé, qui vient d'une trop faible représentation de l'avenir, qu'on ne considère que peu ou point du tout. Au reste on pourrait peut-être distinguer ici entre mauvais goût et faux jugement, car souvent on ne met pas même en question si le bien à venir doit être préféré, et on n'agit que par impression sans s'aviser de venir à l'examen. Mais lorsqu'on y pense, il arrive l'un des deux, ou qu'on ne continue pas assez d'y penser et qu'on passe outre, sans pousser la question qu'on a entamée, ou qu'on poursuit l'examen et qu'on forme une conclusion. Et quelquefois dans l'un et dans l'autre cas il demeure un remords plus ou moins grand ; quelquefois aussi il n'y a point du tout de *formido oppositi* ou de scrupule, soit que l'esprit se détourne tout à fait, ou qu'il soit abusé par des préjugés.

64. PHILALÈTHE. *L'étroite capacité de notre esprit est la cause des faux jugements que nous faisons en comparant les biens ou les maux : nous ne saurions bien jouir de deux plaisirs à la fois, et moins encore pouvons-nous jouir d'aucun plaisir dans le temps que nous sommes obsédés par la douleur. Le mal qu'on sent actuellement est toujours le plus rude de tous, on s'écrie : Ah ! toute autre douleur plutôt que celle-ci !*

THÉOPHILE. Il y a bien de la variété en tout cela selon le tempérament des hommes, selon la force de ce qu'on sent, et selon les habitudes qu'on a prises. Un homme qui a la goutte pourra être dans la joie parce qu'il lui arrive une grande fortune, et un homme qui nage dans les délices et qui pourrait vivre à son aise sur ses terres est plongé dans la tristesse à cause d'une disgrâce à la cour. C'est que la joie et la tristesse viennent du résultat ou de la prévalence des plaisirs ou des douleurs, quand il y a du mélange. Léandre méprisait l'incommodité et le danger de passer la mer à la nage la nuit, poussé par les attraits de la belle Héro. Il y a des gens qui ne sauraient boire ni manger ou qui ne sauraient satisfaire d'autres appétits sans beaucoup de douleur, à cause de quelque infirmité ou incommodité ; et cependant ils satisfont ces appétits au-delà même du nécessaire et des justes bornes. D'autres ont tant de mollesse, ou sont si délicats qu'ils rebutent les plaisirs avec lesquels quelque douleur, quelque dégoût ou quelque incommodité se mêle. Il y a des personnes qui se mettent fort au-dessus des douleurs ou des plaisirs présents et médiocres et qui n'agissent presque que par crainte et par espérance ; d'autres sont si efféminés qu'ils se plaignent de la moindre incommodité ou courent après le moindre plaisir sensible présent, semblables presque à des enfants. Ce sont ces gens à qui la douleur ou la volupté présente paraît toujours la plus grande ; ils sont comme des prédicateurs ou panégyristes peu judicieux, chez qui, selon le proverbe, le saint du jour est toujours le plus grand saint du paradis. Cependant, quelque variété qui se trouve parmi les hommes, il est toujours vrai qu'ils n'agissent que suivant les perceptions présentes, et lorsque l'avenir les touche, c'est ou par l'image qu'ils en ont, ou par la résolution et habitude qu'ils ont prise d'en suivre jusqu'au simple nom ou autre caractère arbitraire, sans en avoir aucune image ni signe naturel, parce que ce ne serait pas sans inquiétude et quelquefois sans quelque sentiment de chagrin qu'ils s'opposeraient à une forte résolution déjà prise et surtout à une habitude.

65. PHILALÈTHE. *Les hommes ont assez de penchant à diminuer le plaisir à venir et à conclure en eux-mêmes que, quand on viendrait à l'épreuve, il ne répondrait peut-être pas à l'espérance qu'on en donne, ni à l'opinion qu'on en a généralement, ayant souvent trouvé par leur propre expérience que non seulement les plaisirs que d'autres ont exaltés leur ont paru fort insipides, mais que ce qui leur a causé à eux-mêmes beaucoup de plaisir dans un temps les a choqués et leur a déplu dans un autre.*

THÉOPHILE. Ce sont les raisonnements des voluptueux principalement, mais on trouve ordinairement que les ambitieux et les avares jugent tout autrement des honneurs et des richesses, quoiqu'ils ne jouissent que médiocrement, et souvent même bien peu, de ces mêmes biens quand ils les possèdent, étant toujours occupés à aller plus loin. Je trouve que c'est une belle invention de la nature architecte, d'avoir rendu les hommes si sensibles à ce qui touche si peu les sens, et s'ils ne pouvaient point devenir ambitieux ou avares, il serait difficile dans l'état présent de la nature humaine qu'ils pussent devenir assez vertueux et raisonnables pour travailler à leur perfection malgré les plaisirs présents qui en détournent.

Nouveaux essais sur l'entendement humain, II, XXI.

Leibniz

Un « tiens » vaut mieux que deux « tu l'auras » : ce dicton populaire résume assez bien la maxime ordinaire qui guide les hommes dans leur recherche du bonheur. Ils sont si fort attachés au plaisir immédiat qu'ils en méprisent leur état à venir. Leur vie se trouve à chaque fois concentrée sur le seul instant présent comme si l'avenir ne devait jamais devenir présent. Cet épicurisme de l'homme de la rue a pour devise : « mangeons et buvons, jouissons de tout ce qui nous fait plaisir, car demain nous mourrons ». Dans ces conditions, ce qui n'est pas encore est perçu comme n'étant pas du tout, et seul ce qui existe ici et maintenant est pris en compte. À l'aide d'exemples on ne peut plus familier, Leibniz critique cette « erreur qui anéantit le sentiment de l'avenir ». Les lendemains de fêtes sont rarement des parties de plaisir : « si dans le moment que l'homme prend le verre en main, le plaisir de boire était accompagné des douleurs de tête et de maux d'estomac qui lui arriveront en peu d'heures, il ne voudrait pas goûter du vin du bout des lèvres ». Le fait est que le présent nous touche bien plus vivement que l'avenir, qui ne nous intéresse qu'une fois qu'il est devenu à son tour présent. Un plaisir médiocre actuel nous semble toujours préférable à un plaisir supérieur à venir. C'est que notre sens du possible n'est guère développé. Leibniz refuse de confondre le plaisir actuel et le bonheur, lequel implique l'idée d'un état de satisfaction durable. Le bonheur demande de s'habituer « à s'élever au-dessus du tumulte présent des impressions, à sortir pour ainsi dire de la place où l'on est » pour se représenter celle où l'on n'est pas encore, c'est-à-dire celle où l'on est déjà en puissance. Ainsi se comprend l'éloge pour le moins paradoxal que Leibniz fait de l'avarice qu'il va jusqu'à considérer comme une vertu. À l'opposé des voluptueux qui ne sentent que le présent, les avares sont « toujours occupés à aller plus loin ». L'avare a un sens du possible si développé qu'il tient pour rien les biens qu'il possède actuellement. Nulle possession actuelle ne saurait le satisfaire. Ce qui peut être le touche davantage que ce qui est. L'avarice, véritable passion du possible, oriente l'homme sur la voie du bonheur en l'éveillant au sentiment du futur qui est enveloppé dans le présent. L'avare sait que « le présent est gros de l'avenir », selon une formule chère à Leibniz, et ne réduit pas le présent à un point mathématique clos sur lui-même. Le présent n'est pas statique mais dynamique, c'est-à-dire tendu vers l'avenir qui se réalise en lui de proche en proche. L'avare incarne par conséquent à la fois une vertu morale, une disposition au bonheur, et un savoir ontologique : l'existence n'est pas donnée une fois pour toutes mais actualise dans le temps ce qu'elle est en puissance. Faute d'un tel dynamisme, la chrysalide ne deviendrait jamais papillon et les hommes ne connaîtraient jamais le bonheur.

KANT

Le Rire

Par certaines émotions, la nature favorise mécaniquement la santé : à cette catégorie appartiennent avant tout le *rire* et les *larmes*. La colère, si on a la possibilité de bien se fâcher (sans craindre de résistance), aide d'une manière assez sûre à la digestion, et plus d'une maîtresse de maison ne prend pour tout exercice intérieur que la gronderie des enfants et de la domesticité ; si les enfants et les domestiques la supportent patiemment, elle sent une agréable détente de son énergie se répandre uniformément dans tout son organisme : mais ce n'est pas sans inconvénient, car elle mécontente les habitants de la maison.

Le rire bienveillant (non pas sarcastique et mêlé d'amertume) est plus plaisant et plus profitable ; ce rire aurait été recommandé à un roi de Perse qui avait offert une récompense à qui « découvrirait un nouveau plaisir ». L'expulsion saccadée (comme convulsive) de l'air (dont l'éternuement n'est qu'un mince, mais vivifiant effet, pourvu qu'on le laisse exploser sans contrainte) *renforce* le sentiment de l'énergie vitale par un mouvement salutaire du diaphragme. Ce peut être un bouffon à gages (un Arlequin) qui nous fait rire, ou un farceur, dans un groupe d'amis, qui, sans laisser paraître de malice ni faire voir ce qu'il a derrière la tête, sans non plus prendre part au rire, détend brusquement, avec une apparente simplicité, les attentions en arrêt (comme on lâche une corde tendue). Le rire est alors toujours l'oscillation des muscles de la digestion ; et il la favorise bien mieux que ne le ferait la sagesse du médecin. Une grosse balourdise chez quelqu'un qui fait une erreur de jugement peut produire le même effet, mais bien entendu aux dépens du soi-disant sage.

Les *pleurs*, respiration (convulsive) doublée des sanglots, s'ils sont accompagnés de larmes, manifestent par leur rôle adoucissant une précaution de la nature pour notre santé ; une veuve qui, comme on dit, ne veut pas se laisser consoler, c'est-à-dire ne veut pas arrêter le flot de ses larmes, prend soin sans le savoir, ou à proprement parler sans le vouloir, de sa santé ; une colère qui se produirait dans cet état arrêterait vite cet épanchement, mais au détriment de la santé : il est vrai que ce n'est pas toujours le chagrin, mais aussi la colère qui jette les enfants et les femmes dans les larmes. – Car le *sentiment* qu'on est *impuissant* en face d'un mal qui suscite une émotion très forte (colère ou tristesse) fait appel aux signes extérieurs et naturels qui d'ordinaire (en vertu du droit du plus faible) désarment une âme virile. L'expression de cette fragilité qui désigne la faiblesse du sexe peut toucher l'homme compatissant, sinon au point de le faire pleurer, du moins de lui faire venir les larmes aux yeux ; car en pleurant, il offenserait son propre sexe, et une telle féminité ne saurait porter protection au plus faible ; mais sans larmes il n'apporterait pas à l'autre sexe une compassion dont sa virilité lui fait un devoir, prescrivant de prendre le plus faible sous sa protection : ainsi le veut le caractère que les livres de chevalerie prêtent à l'homme courageux, et qui consiste précisément dans cette attitude de protection.

Pourquoi les jeunes gens préfèrent-ils les tragédies, et aiment-ils à les représenter quand ils fêtent leurs parents, alors que les gens d'âge préfèrent les spectacles comiques, et même burlesques ? Pour la première de ces préférences, la cause est en partie celle qui pousse les enfants à rechercher le danger : probablement par un instinct naturel à éprouver leurs forces ; en partie aussi, parce que dans la frivolité de la jeunesse aucune humeur sombre ne subsiste des impressions qui serrent le cœur ou suscitent l'effroi, dès que la pièce est finie, mais rien qu'une agréable lassitude, qui suit une violente agitation intérieure et qui dispose de nouveau à la joie. Au contraire chez les personnes âgées, de telles impressions ne s'effacent pas aussi facilement et ils ne peuvent pas, avec autant de facilité, recouvrer leur disposition à l'enjouement. Chez eux, un Arlequin qui a l'esprit vif provoque, par ses trouvailles, un ébranlement du diaphragme et des viscères : ce qui aiguise leur appétit pour le dîner et le rend plus vif encore par la conversation.

Remarque générale

Certains sentiments corporels sont apparentés aux émotions ; mais ils ne sont pas cependant des émotions ; ils sont instantanés, éphémères et ne laissent pas de trace : par exemple, le *frémissement d'horreur* qui saisit les enfants quand leurs nourrices leur racontent le soir des histoires de fantômes. À cette catégorie appartient le *frisson* où on a l'impression d'être transi par une eau froide (comme sous une averse). Ce n'est pas la perception du danger, mais la pure pensée du danger (on sait bien pourtant qu'il n'existe pas) qui produit cette impression : celle-ci ne paraît pas désagréable, si elle n'est qu'un accès de peur et non point une panique.

Le vertige et même le mal de mer semblent appartenir par leurs causes à cette catégorie de dangers qui n'existent qu'en idée. On peut avancer sans chanceler sur une planche qui repose par terre ; mais si elle est au bord d'un abîme, ou, pour celui dont les nerfs sont faibles, si elle est au-dessus d'un fossé, alors l'appréhension d'un vain danger devient elle-même dangereuse. Sous un vent même modéré, un navire s'abaisse et se redresse alternativement. Quand il s'enfonce, l'effort naturel pour se relever (tout mouvement de chute emporte avec soi la représentation du danger), par conséquent le mouvement de l'estomac et des viscères de bas en haut, sont liés mécaniquement à une impulsion à vomir qui peut être accrue si le patient regarde par la fenêtre de la cabine et qu'il aperçoit à tour de rôle le ciel et la mer, ce qui renforce encore l'impression illusoire qu'on lui retire son point d'appui.

Un acteur qui lui-même est de sang-froid, grâce au jeu de son seul entendement et d'une grande puissance d'imagination, peut toucher par une émotion simulée (feinte) mieux que par une émotion vraie. Un véritable amoureux est embarrassé, maladroit et de peu de séduction en présence de la personne qu'il aime. Mais quelqu'un qui joue à l'amoureux, et qui a du talent, peut jouer son rôle avec tant de naturel qu'il amène dans ses filets la malheureuse qu'il dupe ; justement parce que, son cœur n'étant pas prévenu, sa tête demeure claire, et qu'il est donc en pleine possession de ses moyens pour imiter très naturellement l'apparence de l'amour.

Le rire bienveillant (en toute franchise) a une *valeur sociale* (dans la mesure où il appartient à l'émotion de joie) : le rire sarcastique (ricanement) a *valeur de haine*. Le distrait, à la manière de Terrasson, faisant gravement son entrée avec, sur la tête, son bonnet de nuit au lieu de sa perruque, et son chapeau sous le bras, tout plein du combat sur la prééminence des anciens et des modernes dans les sciences, suscite un rire du premier type ; on le plaisante, mais on ne se moque pas de lui pour autant. L'*original* qui n'est point sot, on en sourit plaisamment, sans qu'il lui en coûte rien : il participe au rire. – Un rire mécanique, (à qui manque tout principe spirituel) est fade, et rend insipide la compagnie des rieurs. Celui qui ne rit pas est grincheux ou pédant. Il faut habituer très tôt les enfants, singulièrement les petites filles, au sourire de bonne humeur, au sourire sans contrainte.

Ainsi cette illumination des traits du visage s'imprime peu à peu jusque dans la vie intérieure et produit une *disposition* à l'enjouement, à l'amabilité, à la sociabilité que cette préparation à la vertu de bienveillance prépare très tôt.

Dans un groupe, il est bon pour l'entrain ou la bonne humeur, et aussi pour la culture de tous, qu'il y ait un homme qui fasse rebondir les jeux d'esprit sans aucune méchanceté (de l'ironie, mais pas de pointe), et en face duquel le partenaire est armé de son propre esprit pour fournir des répliques du même genre et déclencher un éclat de rire. Mais si cela se produit aux dépens d'un benêt qu'on se renvoie de l'un à l'autre comme une balle, le rire, empreint de malignité, manque de délicatesse ; et quand il s'agit d'un parasite qui, pour faire bonne chère, se prête délibérément au jeu en se laissant transformer en bouffon, ceux qui en font les gorges chaudes prouvent leur mauvais goût et un sens moral bien émoussé. Quant à la situation du bouffon de cour, qui, pour chatouiller agréablement l'épigastre des gens de haute volée, doit larder de plaisanteries leurs principaux serviteurs et pimenter de rire le repas, elle est, selon la manière de les prendre au-dessus ou au-dessous de toute critique.

Anthropologie d'un point de vue pragmatique,
traduit de l'allemand par M. Foucault, III, § 79.
Paris, Vrin, 1984.

Kant

On regroupe d'ordinaire sous le concept du « rire » des choses fort différentes, voire opposées. Dans l'*Anthropologie du point de vue pragmatique* Kant pose la question « qu'est-ce que l'homme ? », ce qui l'amène à étudier cette émotion qu'on appelle « le rire » et à en construire le concept, c'est-à-dire à établir des distinctions. Il ne faut pas confondre le « rire bienveillant » et le « rire sarcastique ». Ce dernier « a *valeur de haine* ». Il est l'expression d'une rivalité, d'un désir d'humilier autrui pour affirmer sa propre supériorité à ses dépens. Il consiste à lancer des « pointes ». Mais le rire n'est pas une émotion univoque et ne se réduit pas au « ricanement », au rire moqueur et agressif ainsi que le pense Hobbes (*cf.* p. 57) qui n'y voit qu'une expression de l'état de guerre qui règne entre les hommes aussi longtemps que leurs rapports restent naturels, c'est-à-dire pré-politiques. À ce rire belliqueux, Kant oppose le « rire bienveillant » qui a « une valeur sociale ». Par le moyen de ce rire-ci, la nature favorise les rapports humains harmonieux. Elle inocule aux hommes une disposition « à la sociabilité ». Le rire est ainsi un commencement de vie sociale, une sorte de vertu politique. Et « celui qui ne rit pas est grincheux ou pédant » et défait le lien social en s'excluant de la compagnie des rieurs. C'est pourquoi le rire a en outre une vertu pédagogique en ce sens qu'il « prépare très tôt » les enfants à la bienveillance à l'égard de leur prochain. Combien de personnes brouillées le rire n'a-t-il pas réconciliées ? Les jeux de mots, les « jeux d'esprit », lorsqu'ils ne font de mal à personne, créent une communauté entre les convives. On ne rit pas *de* quelqu'un mais *avec* lui. Les « sourires », cette « illumination des traits du visage », modèlent insensiblement l'âme elle-même et inscrivent « jusque dans la vie intérieure » un penchant naturel à la sociabilité. La distinction de la plaisanterie et de la moquerie permet à Kant de définir la nature comme l'antichambre de la société. Et l'analyse du rire le conduit à découvrir dans l'homme un mouvement naturel qui le porte vers autrui. Ainsi la question « qu'est-ce que l'homme ? » vise-t-elle non seulement l'individu mais encore ce qu'il a de commun avec ses prochains et qui forme la communauté humaine. L'homme est une existence partagée, collective.

Hegel

Le Tatouage

Une troisième remarque qu'on pourrait formuler se rapporte à la valeur relative des produits de l'art et des produits de la nature. Une œuvre d'art, dit-on, étant un produit humain, est inférieure aux produits de la nature. Certes, une œuvre d'art n'est pas douée de sentiment, ne déborde pas de vie, est tout à fait superficielle, alors que les produits de la nature sont des produits vivants. Et c'est ainsi que les produits de la nature, étant l'œuvre de Dieu, seraient supérieurs aux œuvres d'art qui sont des produits humains. En ce qui concerne cette opposition, on doit bien reconnaître qu'en tant qu'objet l'œuvre d'art est privée de vie, de vie extérieure, et peut en conséquence être considérée comme une chose morte. Ce qui est vraiment vivant présente une organisation dont le finalisme s'étend jusqu'aux moindres détails, alors que l'œuvre d'art ne présente une apparence de vie qu'à sa surface, et qu'intérieurement, elle n'est que pierre, bois ou toile vulgaires ou, comme dans la poésie, représentations traduites en mots et en discours. Mais, sous son aspect de chose, d'objet, l'œuvre d'art n'est justement pas une œuvre d'art : elle n'est œuvre d'art qu'en tant que spiritualité, qu'en tant qu'elle a reçu le baptême de l'esprit et représente quelque chose qui participe de l'esprit, qui est accordé à l'esprit.

L'œuvre d'art vient donc de l'esprit et existe pour l'esprit, et sa supériorité consiste en ce que si le produit naturel est un produit doué de vie, il est périssable, tandis qu'une œuvre d'art est une œuvre qui dure. La durée présente un intérêt plus grand. Les événements arrivent, mais, aussitôt arrivés, ils s'évanouissent ; l'œuvre d'art leur confère de la durée, les représente dans leur vérité impérissable. L'intérêt humain, la valeur spirituelle d'un événement, d'un caractère individuel, d'une action, dans leur évolution et leurs aboutissements, sont saisis par l'œuvre d'art qui les fait ressortir d'une façon plus pure et transparente que dans la réalité ordinaire, non artistique. C'est pourquoi l'œuvre d'art est supérieure à tout produit de la nature qui n'a pas effectué ce passage par l'esprit. C'est ainsi que le sentiment et l'idée qui, en peinture, ont inspiré un paysage confèrent à cette œuvre de l'esprit un rang plus élevé que celui du paysage tel qu'il existe dans la nature. Tout ce qui est de l'esprit est supérieur à ce qui existe à l'état naturel. Et n'oublions pas qu'aucun être naturel ne représente des idéaux divins que seules les œuvres d'art sont capables d'exprimer.

D'une façon générale, l'esprit est supérieur à la nature, et il revient à Dieu plus d'honneur des créations de l'esprit que des produits de la nature. L'opposition qu'on voudrait établir entre le divin et l'humain provient, d'une part, d'un malentendu d'après lequel il n'y aurait rien de divin dans l'homme, Dieu ne se manifestant que dans la nature. Dans l'esprit, le divin se manifeste sous la forme de la conscience et à travers la conscience. Dans la nature, le divin traverse également un milieu, mais ce milieu est un milieu extérieur, un milieu sensible qui, comme tel, est déjà inférieur à la conscience. Dans l'œuvre d'art, le divin est donc engendré par un milieu infiniment supérieur. Dans la nature, l'existence extérieure est une représentation beaucoup moins adéquate du divin que la représentation artistique. Ce malentendu, d'après lequel l'œuvre d'art serait uniquement œuvre humaine, doit être écarté. Dieu agit dans l'homme d'une façon plus conforme à la vérité que sur le terrain de la naturalité pure et simple.

Mais ici se pose une question essentielle : pourquoi l'homme crée-t-il des œuvres d'art ? La première réponse qui peut venir à l'esprit est qu'il le fait par simple jeu et que les œuvres d'art sont les produits accidentels de ce jeu. Or, le jeu est une occupation à laquelle rien ne nous oblige de nous consacrer et que nous sommes libres d'interrompre à volonté, car il y a d'autres moyens, et de meilleurs, d'obtenir ce que nous obtenons par l'art, et qu'il y a des intérêts plus élevés et plus importants que l'art ne saurait satisfaire. Nous parlerons plus loin du *besoin* d'art, au sens concret du mot. Il se rattache à certaines conceptions générales et précises, ainsi qu'à la religion. La question est donc plus concrète que ne le serait la réponse que nous pourrions donner ici. Disons seulement ceci.

L'universalité du besoin d'art ne tient pas à autre chose qu'au fait que l'homme est un être pensant et doué de conscience. En tant que doué de conscience, l'homme doit se placer en face de ce qu'il est, de ce qu'il est d'une façon générale, et en faire un objet pour soi. Les choses de la nature se contentent d'*être*, elles sont simples, ne sont qu'une fois, mais l'homme, en tant que conscience, se dédouble : il *est une* fois, mais il est *pour lui-même*. Il chasse devant lui ce qu'il est ; il se contemple, se représente lui-même. Il faut donc chercher le besoin général qui provoque une œuvre d'art dans la pensée de l'homme, puisque l'œuvre d'art est un moyen à l'aide duquel l'homme extériorise ce qu'il est.

Cette conscience de lui-même, l'homme l'acquiert de deux manières : théoriquement, en prenant conscience de ce qu'il est intérieurement, de tous les mouvements de son âme, de toutes les nuances de ses sentiments, en cherchant à se représenter à lui-même, tel qu'il se découvre par la pensée, et à se reconnaître dans cette représentation qu'il offre à ses propres yeux. Mais l'homme est également engagé dans des rapports pratiques avec le monde extérieur, et de ces rapports naît également le besoin de transformer ce monde, comme lui-même, dans la mesure où il en fait partie, en lui imprimant son cachet personnel. Et il le fait, pour encore se reconnaître lui-même dans la forme des choses, pour jouir de lui-même comme d'une réalité extérieure. On saisit déjà cette tendance dans les premières impulsions de l'enfant : il veut voir des choses dont il soit lui-même l'auteur, et s'il lance des pierres dans l'eau, c'est pour voir ces cercles qui se forment et qui sont son œuvre dans laquelle il retrouve comme un reflet de lui-même. Ceci s'observe dans de multiples occasions et sous les formes les plus diverses, jusqu'à cette sorte de reproduction de soi-même qu'est une œuvre d'art. À travers les objets extérieurs, il cherche à se retrouver lui-même. Il ne se contente pas de rester lui-même tel qu'il est : il se couvre d'ornements. Le barbare pratique des incisions à ses lèvres, à ses oreilles ; il se tatoue. Toutes ces aberrations, quelques barbares et absurdes et contraires au bon goût qu'elles soient, déformantes ou même pernicieuses, comme le supplice qu'on inflige aux pieds des femmes chinoises, n'ont qu'un but : l'homme ne veut pas rester tel que la nature l'a fait. Chez les civilisés, c'est par la culture spirituelle que l'homme cherche à rehausser sa valeur, car c'est seulement chez les civilisés que les changements de forme, de comportement et de tous les autres aspects extérieurs sont des produits de culture spirituelle.

Le besoin d'art général a donc ceci de rationnel que l'homme, en tant que conscience, s'extériorise, se dédouble, s'offre à sa propre contemplation et à celle des autres. Par l'œuvre d'art, l'homme qui en est l'auteur cherche à exprimer la conscience qu'il a de lui-même. C'est une grande nécessité qui découle du caractère rationnel de l'homme, source et raison de l'art, comme de toute action et de tout savoir.

Esthétique, traduit de l'allemand par S. Jankélévitch, Introduction, chap. II, sect. 1, § 2. Paris, Champs Flammarion, 1979.

Hegel

« Pourquoi l'homme crée-t-il des œuvres d'art ? » Cette question que pose ici Hegel reconduit la philosophie de l'observation des œuvres à la considération de leur raison d'être. Elle permet en outre de construire le concept d' « Art » en ramenant la diversité des productions artistiques à un principe un, dépositaire de leur unité en même temps que de leur pourquoi. Quel rapport y a-t-il par exemple entre des œuvres aussi différentes que l'Abbaye cistercienne du Thoronet, le *Couronnement d'épines* du Titien qui se trouve à Münich, *Les bijoux* de Baudelaire, *L'automne* de Vivaldi, *Othello* de Shakespeare, et *Le crime était presque parfait* d'Hitchcock ? Si par-delà leurs différences spécifiques ces œuvres relèvent au même titre de la catégorie de l'Art, c'est qu'elles expriment toutes un même besoin de « transformer le monde ». L'homme n'est pas une chose parmi les choses mais un être doué de conscience. Or, la conscience humaine s'appréhende d'abord comme conscience pratique. En effet, l'homme prend conscience de soi à travers les œuvres qu'il produit et dans lesquelles il se reconnaît. À la différence d'une chose naturelle, une œuvre d'art n'est pas donnée mais construite. L'homme projette sa propre vie spirituelle dans l'œuvre qu'il réalise. Il la crée à son image. Il reconnaît l'œuvre comme sienne dans la mesure où celle-ci incarne l'extériorisation de sa vie intérieure. « L'universalité du besoin d'art » tient au fait que l'homme s'approprie la nature en lui inoculant la forme de sa propre subjectivité. Dans son œuvre, l'homme « retrouve comme un reflet de lui-même ». Il lui imprime « son cachet personnel ». Les pierres sobrement taillées de l'Abbaye du Thoronet reflètent la paix intérieure des moines cisterciens. Les couleurs tempérées du *Couronnement d'épines* ainsi que les muscles détendus du Christ expriment le caractère moral et intérieur de sa douleur. « Ce monde rayonnant de métal et de pierre » que chante Baudelaire dans *Les bijoux* est une incarnation du monde qui habite l'âme du poète. Vivaldi entend l'automne comme la saison de la chasse où le chien, et avec lui la nature tout entière, se prête au loisir de l'homme. Le mouchoir que Othello offre à Desdémone contient dans sa trame même les soupçons qui hantent son esprit. Et chez Hitchcock, le cadran et la sonnerie du téléphone apparaissent comme les complices du projet criminel du mari. L'homme ne laisse pas être les choses telles qu'elles sont. Il les transforme pour leur conférer une signification proprement humaine. Ce travail de transformation, l'homme ne l'applique pas seulement aux choses mais aussi à lui-même : « il ne se contente pas de rester lui-même tel qu'il est : il se couvre d'ornement. Le barbare pratique des incisions à ses lèvres, à ses oreilles ; il se tatoue ». Une pratique telle que le tatouage manifeste chez l'homme son besoin de s'affirmer en tant qu'homme, c'est-à-dire de ne pas « rester tel que la nature l'a fait ». L'homme est ce qu'il fait. Le tatouage (mais aussi, pour prendre un exemple actuel, ce qu'on appelle le « piercing ») renvoie l'homme à sa réalité d'être pensant qui ne peut se poser lui-même qu'en faisant sien aussi bien le monde qui l'entoure que son propre corps. L'art est cette pratique spirituelle qui produit un monde dénaturé, c'est-à-dire humanisé.

Marx

L'Automate

Si la machine est le moyen le plus puissant d'accroître la productivité du travail, c'est-à-dire de raccourcir le temps nécessaire à la production des marchandises, elle devient comme support du capital, dans les branches d'industrie dont elle s'empare d'abord, le moyen le plus puissant de prolonger la journée de travail au-delà de toute limite naturelle. Elle crée et des conditions nouvelles qui permettent au capital de lâcher bride à cette tendance constante qui le caractérise, et des motifs nouveaux qui intensifient sa soif du travail d'autrui.

Et, tout d'abord, le mouvement et l'activité du moyen de travail devenu machine se dressent indépendants devant le travailleur. Le moyen de travail est dès lors un *perpetuum mobile* industriel qui produirait indéfiniment, s'il ne rencontrait une barrière naturelle dans ses auxiliaires humains, dans la faiblesse de leurs corps et la force de leur volonté. L'automate, en sa qualité de capital, est fait homme dans la personne du capitaliste. Une passion l'anime : il veut tendre l'élasticité humaine et broyer toutes ses résistances.

La facilité apparente du travail à la machine et l'élément plus maniable et plus docile des femmes et des enfants l'aident dans cette œuvre d'asservissement.

La productivité de la machine est, comme nous l'avons vu, en raison inverse de la part de valeur qu'elle transmet au produit. Plus est longue la période pendant laquelle elle fonctionne, plus grande est la masse de produits sur laquelle se distribue la valeur qu'elle ajoute et moindre est la part qui en revient à chaque marchandise. Or la période de vie active de la machine est évidemment déterminée par la longueur de la journée de travail ou par la durée du procès de travail journalier multipliée par le nombre de jours pendant lesquels ce procès se répète.

L'usure des machines ne correspond pas avec une exactitude mathématique au temps pendant lequel elles servent. Et cela même supposé, une machine qui sert seize heures par jour pendant sept ans et demi embrasse une période de production aussi grande et n'ajoute pas plus de valeur au produit total que la même machine qui pendant quinze ans ne sert que huit heures par jour.

Mais, dans le premier cas, la valeur de la machine se serait reproduite deux fois plus vite que dans le dernier, et le capitaliste aurait absorbé par son entremise autant de surtravail en sept ans et demi qu'autrement en quinze.

L'usure matérielle des machines se présente sous un double aspect. Elles s'usent d'une part en raison de leur emploi, comme les pièces de monnaie par la circulation, d'autre part par leur inaction, comme une épée se rouille dans le fourreau. Dans ce dernier cas elles deviennent la proie des éléments. Le premier genre d'usure est plus ou moins en raison directe, le dernier est jusqu'à un certain point en raison inverse de leur usage.

La machine est en outre sujette à ce qu'on pourrait appeler son usure morale. – Elle perd de sa valeur d'échange à mesure que des machines de la même construction sont reproduites à meilleur marché, ou à mesure que des machines perfectionnées viennent lui faire concurrence. Dans les deux cas, si jeune et si vivace qu'elle puisse être, sa valeur n'est plus déterminée par le temps de travail réalisé en elle, mais par celui qu'exige sa reproduction ou la reproduction des machines perfectionnées. Elle se trouve en conséquence plus ou moins dépréciée. Le danger de son usure morale est d'autant moindre que la période où sa valeur totale se reproduit est plus courte, et cette période est d'autant plus courte que la journée de travail est plus longue. Dès la première introduction d'une machine dans une branche de production quelconque, on voit se succéder coup sur coup des méthodes nouvelles pour la reproduire à meilleur marché ; puis viennent des améliorations qui n'atteignent pas seulement des parties ou des appareils isolés, mais sa construction entière. Aussi bien est-ce là le motif qui fait de sa première période de vie, la période aiguë de la prolongation du travail.

La journée de travail étant donnée et toutes circonstances restant les mêmes, l'exploitation d'un nombre double d'ouvriers exige une avance double de capital constant en bâtiments, machines, matières premières, matières auxiliaires, etc. Mais la prolongation de la journée permet d'agrandir l'échelle de la production sans augmenter la portion de capital fixée en bâtiments et en machines. Non seulement donc la plus-value augmente, mais les dépenses nécessaires pour l'obtenir diminuent. Il est vrai que cela a lieu plus ou moins toutes les fois qu'il y a prolongation de la journée ; mais c'est ici d'une tout autre importance, parce que la partie du capital avancé en moyens de travail pèse davantage dans la balance. Le développement de la production mécanique fixe, en effet, une partie toujours croissante du capital sous une forme où il peut, d'une part, être constamment mis en valeur, et perd, d'autre part, valeur d'usage et valeur d'échange dès que son contact avec le travail est interrompu.

« Si un laboureur, dit Mr. Ashworth, un des *cotton lords* d'Angleterre, faisant la leçon au professeur Nassau W. Senior, si un laboureur dépose sa pioche, il rend inutile pour tout ce temps un capital de 18 pence (1 fr. 87 c.). Quand un de nos hommes abandonne la fabrique, il rend inutile un capital qui a coûté 100.000 liv. st. (2.500.000 francs). »

Il suffit d'y penser : rendre inutile, ne fût-ce que pour une seconde, un capital de 100.000 liv. st. ! C'est à demander vengeance au ciel quand un de nos hommes se permet de quitter la fabrique ! Et le susdit Senior, renseigné par Ashworth, finit par reconnaître que la proportion toujours croissante du capital fixé en machines rend une prolongation croissante de la journée de travail tout à fait « désirable ».

La machine produit une plus-value relative, non seulement en dépréciant directement la force de travail et en la rendant indirectement meilleur marché par la baisse de prix qu'elle occasionne dans les marchandises d'usage commun, mais en ce sens que, pendant la période de sa première introduction sporadique, elle transforme le travail employé par le possesseur de machines en travail puissancié dont le produit, doué d'une valeur sociale supérieure à sa valeur individuelle, permet au capitaliste de remplacer la valeur journalière de la force de travail par une moindre portion du rendement journalier. Pendant cette période de transition où l'industrie mécanique reste une espèce de monopole, les bénéfices sont par conséquent extraordinaires, et le capitaliste cherche à exploiter à fond cette lune de miel au moyen de la plus grande prolongation possible de la journée. La grandeur du gain aiguise l'appétit.

À mesure que les machines se généralisent dans une même branche de production, la valeur sociale du produit mécanique descend à sa valeur individuelle. Ainsi, se vérifie la loi d'après laquelle la plus-value provient non des forces de travail que le capitaliste remplace par la machine, mais, au contraire, de celles qu'il y occupe. La plus-value ne provient pas de la partie variable du capital, et la somme de la plus-value est déterminée par deux facteurs : son taux et le nombre des ouvriers occupés simultanément. Si la longueur de la journée est donnée, sa division proportionnelle en surtravail et travail nécessaire détermine le taux de la plus-value, mais le nombre des ouvriers occupés dépend du rapport du capital variable au capital constant. Quelle que soit la proportion suivant laquelle, par l'accroissement des forces productives, l'industrie mécanique augmente le surtravail aux dépens du travail nécessaire, il est clair qu'elle n'obtient cependant ce résultat qu'en diminuant le nombre des ouvriers occupés par un capital donné. Elle transforme en machines, en élément constant qui ne rend point de plus-value, une partie du capital qui était variable auparavant, c'est-à-dire se convertissait en force de travail vivante. Il est impossible, par exemple, d'obtenir de deux ouvriers autant de plus-value que de vingt-quatre. Si chacun des vingt-quatre ouvriers ne fournit sur douze heures qu'une heure de surtravail, ils fourniront tous ensemble vingt-quatre heures de surtravail, tandis que le travail total des deux ouvriers n'est jamais que de vingt-quatre heures, les limites de la journée étant fixées à douze heures. L'emploi des machines dans le but d'accroître la plus-value recèle donc une contradiction, puisque des deux facteurs de la plus-value produite par un capital de grandeur donnée, il n'augmente l'un, le taux de la plus-value, qu'en diminuant l'autre, le nombre des ouvriers. Cette contradiction intime éclate, dès qu'avec la généralisation des machines dans une branche d'industrie, la valeur du produit mécanique règle la valeur sociale de toutes les marchandises de même espèce, et c'est cette contradiction qui entraîne instinctivement le capitaliste à prolonger la journée de travail avec la plus extrême violence, pour compenser le décroissement du nombre proportionnel des ouvriers exploités par l'accroissement non seulement du surtravail relatif, mais encore du surtravail absolu.

La machine entre les mains du capital crée donc des motifs nouveaux et puissants pour prolonger sans mesure la journée de travail ; elle transforme le mode de travail et le caractère social du travailleur collectif, de manière à briser tout obstacle qui s'oppose à cette tendance ; enfin, en enrôlant sous le capital des couches de la classe ouvrière jusqu'alors inaccessibles, et en mettant en disponibilité les ouvriers déplacés par la machine, elle produit une population ouvrière surabondante qui est forcée de se laisser dicter la loi. De là ce phénomène merveilleux dans l'histoire de l'industrie moderne, que la machine renverse toutes les limites morales et naturelles de la journée de travail. De là ce paradoxe économique que le moyen le plus puissant de raccourcir le temps de travail devient, par un revirement étrange, le moyen le plus infaillible de transformer la vie entière du travailleur et de sa famille en temps disponible pour la mise en valeur du capital.

Le capital, traduit de l'allemand par Joseph Roy, I, IV, chap. XV, § III, 2. 1872-1875.

Marx

    Réconciliant la théorie et la pratique, Marx analyse le travail humain tel qu'il existe concrètement dans le mode de production capitaliste à l'ère de l'industrie et du machinisme. L'introduction de la machine dans le procès de production a entraîné des bouleversements considérables qu'il toise dans le collimateur de la philosophie. Considérée en elle-même, c'est-à-dire abstraction faite de son utilisation dans le système capitaliste, la machine « est le moyen le plus puissant d'accroître la productivité du travail, c'est-à-dire de raccourcir le temps nécessaire à la production des marchandises ». Equipé d'une machine, un travailleur produira plus de marchandises en moins de temps qu'il ne lui en fallait auparavant. On aurait donc pu s'attendre à ce que ce temps gagné par la productivité accrue de la machine coïncide pour le travailleur avec une augmentation de son temps libre. Mais il n'en a rien été, tout au contraire. Il faut comprendre les raisons de ce « paradoxe économique » suivant lequel « le moyen le plus puissant de raccourcir le temps de travail » devient, par un revirement étrange, le moyen le plus infaillible de « prolonger la journée de travail au-delà de toute limite naturelle ». Les « trois huit » imposés aux ouvriers dans l'industrie automobile illustrent bien ce paradoxe, tout en confirmant, s'il en était besoin, son actualité. De même, si l'on contraint les routiers à conduire au-delà de huit heures par jour, c'est que le moteur diesel de leur camion n'a pas besoin de pauses si fréquentes. Et le travail à la chaîne, qui élimine les déplacements des ouvriers entre chaque atelier, supprime des mouvements techniquement superflus mais humainement nécessaires. L'économie capitaliste se définit par la mise en œuvre du processus suivant : le capitaliste, détenteur du capital (A), achète une marchandise particulière (M), en l'occurrence la force de travail de l'homme, qui a la vertu magique de produire davantage de valeur (A') qu'elle n'en coûte. La force de travail coûte juste ce qu'il faut pour la conserver, c'est-à-dire le salaire de l'ouvrier qui lui permet de se restaurer pour reprendre son travail le lendemain. Au bout d'un certain temps, l'ouvrier a produit une quantité de marchandises qui représente la valeur du salaire qui lui est reversé. Ce temps travaillé s'appelle le « travail nécessaire ». Mais la journée de travail ne se limite pas à la durée du travail nécessaire. Le capitaliste la prolonge pour que l'ouvrier produise des marchandises dont la valeur ne lui sera pas reversée. La durée de ce « surtravail », qui s'étend au-delà du travail nécessaire, détermine la quantité de plus-value (A') produite par l'ouvrier au profit du capitaliste. On voit quel intérêt celui-ci peut trouver dans l'usage de la machine : en augmentant la productivité, elle réduit la durée du travail nécessaire et augmente en quantité inversement proportionnelle la durée du surtravail pendant lequel l'ouvrier crée les bénéfices. Derrière l'aliénation de l'homme par la machine, c'est le capital qui poursuit son « œuvre d'asservissement ». La grande machine des *Temps modernes* qui avale Charlot est une véritable machine à vampiriser « ses auxiliaires humains », à réduire l'homme au statut de simple automate.

NIETZSCHE

L'Inconnu

355.

L'origine de notre concept de « connaissance ». – J'emprunte l'explication qui va suivre à la rue ; j'entendis une personne du peuple dire « il m'a reconnu » – ce qui m'a fait me demander : qu'entend au juste le peuple par connaissance ? que veut-il lorsqu'il veut de la « connaissance » ? Rien de plus que ceci : quelque chose d'étranger doit être ramené à quelque chose de *bien connu*. Et nous, philosophes – avons-nous véritablement entendu par connaissance quelque chose *de plus* ? Le connu, cela veut dire : ce à quoi nous sommes suffisamment habitués pour ne plus nous en étonner, notre quotidien, une règle quelconque dans laquelle nous sommes plongés, absolument tout ce en quoi nous nous sentons chez nous : – comment ? notre besoin de connaître n'est-il justement pas ce besoin de bien connu, la volonté de découvrir dans tout ce qui est étranger, inhabituel, problématique, quelque chose qui ne nous inquiète plus ? Ne serait-ce pas *l'instinct de peur* qui nous ordonne de connaître ? La jubilation de l'homme de connaissance ne serait-elle pas justement la jubilation du sentiment de sécurité retrouvée ?... Ce philosophe s'imagina le monde « connu » lorsqu'il l'eut ramené à l'« Idée » : ah, n'était-ce pas parce que l'« Idée » était pour lui si bien connue, si habituelle ? parce que l'« Idée » lui causait désormais si peu de peur ? – Oh, qu'ils sont faciles à satisfaire, les hommes de connaissance ! qu'on considère donc leurs principes et leurs solutions des énigmes du monde sous ce rapport ! S'ils retrouvent dans les choses, sous les choses, derrière les choses, quoi que ce soit qui ne nous est que trop bien connu, par exemple notre table de multiplication, ou notre logique, ou notre vouloir et notre désir, qu'ils sont soudain heureux ! Car « ce qui est bien connu est connu tout court » : en cela ils sont tous d'accord. Même les plus prudents d'entre eux pensent qu'à tout le moins, le bien connu est *plus facile à connaître* que l'étranger ; ce serait par exemple une exigence méthodologique de partir du « monde intérieur », des « faits de conscience » parce qu'ils seraient pour nous le monde *le mieux connu* ! Erreur des erreurs !

Le bien connu est l'habituel ; et l'habituel est ce qu'il y a de plus difficile à « connaître », c'est-à-dire à voir comme problème, c'est-à-dire à voir comme étranger, éloigné, « extérieur à nous »... La grande assurance des sciences naturelles, comparées à la psychologie et à la critique des éléments de conscience – sciences *non naturelles*, pourrait-on presque dire –, tient précisément à ce qu'elles prennent pour objet l'étranger : alors qu'il est presque contradictoire et insensé de *vouloir* prendre pour objet en général le non-étranger...

Le gai savoir, traduit de l'allemand par Patrick Wotling. Paris, G-F, 1997.

Nietzsche

Une expérience aussi banale que celle qui consiste à reconnaître une personne que l'on croise dans la rue est riche d'enseignement. C'est sur elle que Nietzsche fait reposer sa critique de la connaissance philosophique. C'est une prétention commune des philosophes que de discréditer la connaissance du « peuple », de l'opinion commune au profit d'une connaissance plus élevée, apanage des seuls philosophes. L'originalité de ce texte est de ruiner toute différence entre la connaissance vulgaire et la connaissance philosophique pour faire émerger une troisième figure, celle d'un « gai savoir ». Conformément à sa méthode généalogique, Nietzsche remonte de la connaissance à son origine, à savoir le besoin de se rassurer. Ce n'est donc pas, comme le soutiennent les philosophes, on ne sait quelle décision rationnelle qui est à l'origine de la connaissance mais un « instinct de peur » provoqué par les « énigmes du monde ». La philosophie ne cherche pas à connaître le monde dans son étrangeté même, mais à en produire une représentation pacifiée qui produise un « sentiment de sécurité ». Le monde est étrange, étonnant, inquiétant ; passé au crible de la « connaissance », il nous semble familier, quotidien, rassurant. Cette substitution du familier à l'étrange met en jeu une détermination de la connaissance sous la forme de la re-connaissance. Qu'est-ce que connaître, pour l'opinion aussi bien que pour le philosophe ? C'est reconnaître. Qu'est-ce que reconnaître ? C'est ramener quelque chose d'étranger à quelque chose de *connu*, c'est-à-dire de déjà connu. Face à telle Montagne Sainte-Victoire peinte par Cézanne (par exemple celle qui se cache derrière *Les marronniers au Jas de Bouffan*), le « connaisseur » sera fier de pouvoir « reconnaître » un motif récurrent dans son œuvre et jubilera à l'idée de reconnaître « un Cézanne » – comme si toutes les Sainte-Victoire au fond n'en faisaient qu'une. Le modèle de la reconnaissance procède à l'élimination de la différence, au déni du multiple au profit du mirage de l'identité et de l'Un. Ramener, avec Platon, la diversité changeante, la multiplicité bigarrée du monde à l'unité momifiée de l'« Idée », c'est prendre un pli de la raison humaine pour un fait du monde lui-même. Reconnaître, c'est ne rien vouloir savoir du multiple et du devenir. L'amour philosophique de l'Un, de l'Être, du connu trahit en vérité une haine maladive du multiple, du devenir, de l'inconnu. Nietzsche assigne à la philosophie la tâche de dissiper le spectre du familier, de l'habituel, du « déjà-connu », pur produit imaginaire de notre raison sécuritaire, pour aller enfin à la rencontre de l'étrange, de l'extraordinaire, de l'inconnu. L'extrême difficulté d'une telle entreprise tient à la nature même du connu que, par définition, nous ne questionnons pas mais considérons comme allant de soi : « le bien connu est l'habituel ; et l'habituel est ce qu'il y a de plus difficile à "connaître", c'est-à-dire à voir comme problème ». Ce que l'habitude a fait, il revient au « gai savoir » de le défaire pour rendre le monde, véritable *terra incognita*, à son étrangeté. C'est lorsque nous ne reconnaissons plus le monde que nous le connaissons.

BERGSON

Le Verre d'eau sucrée

Nous l'avons dit et nous ne saurions trop le répéter : la science de la matière procède comme la connaissance usuelle. Elle perfectionne cette connaissance, elle en accroît la précision et la portée, mais elle travaille dans le même sens et met en jeu le même mécanisme. Si donc la connaissance usuelle, en raison du mécanisme cinématographique auquel elle s'assujettit, renonce à suivre le devenir dans ce qu'il a de mouvant, la science de la matière y renonce également. Sans doute elle distingue un nombre aussi grand qu'on voudra de moments dans l'intervalle de temps qu'elle considère. Si petits que soient les intervalles auxquels elle s'est arrêtée, elle nous autorise à les diviser encore, si nous en avons besoin. À la différence de la science antique, qui s'arrêtait à certains moments soi-disant essentiels, elle s'occupe indifféremment de n'importe quel moment. Mais toujours elle considère des moments, toujours des stations virtuelles, toujours, en somme, des immobilités. C'est dire que le temps réel, envisagé comme un flux ou, en d'autres termes, comme la mobilité même de l'être, échappe ici aux prises de la connaissance scientifique. Nous avons déjà essayé d'établir ce point dans un précédent travail. Nous en avons encore touché un mot dans le premier chapitre de ce livre. Mais il importe d'y revenir une dernière fois, pour dissiper les malentendus.

Quand la science positive parle du temps, c'est qu'elle se reporte au mouvement d'un certain mobile T sur sa trajectoire. Ce mouvement a été choisi par elle comme représentatif du temps, et il est uniforme par définition. Appelons $T_1, T_2, T_3,...$ etc., des points qui divisent la trajectoire du mobile en parties égales depuis son origine T_0. On dira qu'il s'est écoulé 1, 2, 3,... unités de temps quand le mobile sera aux points $T_1, T_2, T_3,...$ de la ligne qu'il parcourt. Alors, considérer l'état de l'univers au bout d'un certain temps t, c'est examiner où il en sera quand le mobile T sera au point T_t, de sa trajectoire. Mais du *flux* même du temps, à plus forte raison de son effet sur la conscience, il n'est pas question ici ; car ce qui entre en ligne de compte, ce sont des points $T_1, T_2, T_3,...$ pris sur le flux, jamais le flux lui-même. On peut rétrécir autant qu'on voudra le temps considéré, c'est-à-dire décomposer à volonté l'intervalle entre deux divisions consécutives T_n et T_{n+1}, c'est toujours à des points, et à des points seulement, qu'on aura affaire. Ce qu'on retient du mouvement du mobile T, ce sont des positions prises sur sa trajectoire. Ce qu'on retient du mouvement de tous les autres points de l'univers, ce sont leurs positions sur leurs trajectoires respectives. À chaque *arrêt virtuel* du mobile T en des points de division T_1, T_2, T_3,... on fait correspondre un *arrêt virtuel* de tous les autres mobiles aux points où ils passent. Et quand on dit qu'un mouvement ou tout autre changement a occupé un temps *t*, on entend par là qu'on a noté un nombre *t* de correspondances de ce genre. On a donc compté des simultanéités, on ne s'est pas occupé du flux qui va de l'une à l'autre. La preuve en est que je puis, à mon gré, faire varier la rapidité du flux de l'univers au regard d'une conscience qui en serait indépendante et qui s'apercevrait de la variation au *sentiment* tout qualitatif qu'elle en aurait : du moment que le mouvement de T participerait à cette variation, je n'aurais rien à changer à mes équations ni aux nombres qui y figurent.

Allons plus loin. Supposons que cette rapidité de flux devienne infinie. Imaginons, comme nous le disions dans les premières pages de ce livre, que la trajectoire du mobile T soit donnée tout d'un coup, et que toute l'histoire passée, présente et future de l'univers matériel soit étalée instantanément dans l'espace. Les mêmes correspondances mathématiques subsisteront entre les moments de l'histoire du monde dépliée en éventail, pour ainsi dire, et les divisions T_1, T_2, T_3,... de la ligne qui s'appellera, par définition, « le cours du temps ». Au regard de la science il n'y aura rien de changé. Mais si, le temps s'étalant ainsi en espace et la succession devenant juxtaposition, la science n'a rien à changer à ce qu'elle nous dit, c'est que, dans ce qu'elle nous disait, elle ne tenait compte ni de la *succession* dans ce qu'elle a de spécifique ni du *temps* dans ce qu'il a de fluent. Elle n'a aucun signe pour exprimer, de la succession et de la durée, ce qui frappe notre conscience. Elle ne s'applique pas plus au devenir, dans ce qu'il a de mouvant, que les ponts jetés de loin en loin sur le fleuve ne suivent l'eau qui coule sous leurs arches.

Pourtant la succession existe, j'en ai conscience, c'est un fait. Quand un processus physique s'accomplit sous mes yeux, il ne dépend pas de ma perception ni de mon inclination de l'accélérer ou de le ralentir. Ce qui importe au physicien, c'est le *nombre* d'unités de durée que le processus remplit : il n'a pas à s'inquiéter des unités elles-mêmes, et c'est pourquoi les états successifs du monde pourraient être déployés d'un seul coup dans l'espace sans que sa science en fût changée et sans qu'il cessât de parler du temps. Mais pour nous, êtres conscients, ce sont les unités qui importent, car nous ne comptons pas des extrémités d'intervalle, nous sentons et vivons les intervalles eux-mêmes. Or, nous avons conscience de ces intervalles comme d'intervalles *déterminés*. J'en reviens toujours à mon verre d'eau sucrée : pourquoi dois-je attendre que le sucre fonde ? Si la durée du phénomène est relative pour le physicien, en ce qu'elle se réduit à un certain nombre d'unités de temps et que les unités elles-mêmes sont ce qu'on voudra, cette durée est un absolu pour ma conscience, car elle coïncide avec un certain degré d'impatience qui est, lui, rigoureusement déterminé. D'où vient cette détermination ? Qu'est-ce qui m'oblige à attendre et à attendre pendant une certaine longueur de durée psychologique qui s'impose, sur laquelle je ne puis rien ? Si la succession, en tant que distincte de la simple juxtaposition, n'a pas d'efficace réelle, si le temps n'est pas une espèce de force, pourquoi l'univers déroule-t-il ses états successifs avec une vitesse qui, au regard de ma conscience, est un véritable absolu ? pourquoi avec cette vitesse déterminée plutôt qu'avec n'importe quelle autre ? pourquoi pas avec une vitesse infinie ? D'où vient, en d'autres temps, que tout n'est pas donné d'un seul coup, comme sur la bande du cinématographe ? Plus j'approfondis ce point, plus il m'apparaît que, si l'avenir est condamné à *succéder* au présent au lieu d'être donné à côté de lui, c'est qu'il n'est pas tout à fait déterminé au moment présent, et que, si le temps occupé par cette succession est autre chose qu'un nombre, s'il a, pour la conscience qui y est installée, une valeur et une réalité absolues, c'est qu'il s'y crée sans cesse, non pas sans doute dans tel ou tel système artificiellement isolé, comme un verre d'eau sucrée, mais dans le tout concret avec lequel ce système fait corps, de l'imprévisible et du nouveau. Cette durée peut n'être pas le fait de la matière même, mais celle de la Vie qui en remonte le cours : les deux mouvements n'en sont pas moins solidaires l'un de l'autre. *La durée de l'univers ne doit donc faire qu'un avec la latitude de création qui y peut trouver place.*

L'évolution créatrice, chap. IV.
Paris, PUF, 1959.

Bergson

On place d'ordinaire une différence de nature entre la science et la « connaissance usuelle » alors qu'il n'y a entre elles qu'une différence de degré. La science ne fait que prolonger un mécanisme mis en œuvre par la connaissance que nous utilisons dans la vie de tous les jours. Seulement, ce mécanisme, la science le « perfectionne ». Analyser ce mécanisme utile à la vie pratique quotidienne, c'est du même coup saisir l'essence du travail scientifique. La représentation commune que nous avons du temps a ceci de paradoxale qu'elle ne comporte rien de proprement temporel. En effet, les urgences de la vie exigent que nous préparions l'avenir, ce que nous faisons en nous le représentant sur le modèle du passé. Le paysan prédit le temps qu'il fera demain à partir de sa connaissance du passé. L'emploi du temps d'un élève prévoit, par exemple, que chaque mardi de huit heures à dix heures a lieu le cours de philosophie, comme si chaque nouveau mardi n'était que la répétition du précédent et comme si chaque nouveau cours n'était qu'une redite, bref, comme si le temps était une quantité négligeable. L'emploi du temps fait comme si ce qui est différent était identique. La dimension proprement temporelle du temps est tout bonnement absente de telles représentations dans la mesure où le temps, par définition, n'est pas répétition prévisible de l'ancien mais création continuée d'imprévisible nouveauté. Or, quelle représentation du temps la science construit-elle ? Celle d'un temps uniforme, prévisible et immobile, bref d'un temps mort. La science ne mesure pas le « temps réel, envisagé comme un flux ou, en d'autres termes, comme la mobilité même de l'être », mais un temps abstrait composé de points immobiles qui représentent autant d'arrêts virtuels. Ce qu'elle mesure, c'est plus précisément la trajectoire, c'est-à-dire l'espace parcouru par un mobile. Ce faisant, elle confond le temps et le mouvement. Le mouvement d'un mobile peut tout aussi bien aller de A vers B que de B vers A alors que le propre du temps est d'être à sens unique, autrement dit irréversible. Et derrière cette confusion du temps et du mouvement, c'est celle du temps et de l'espace que la science produit. Si l'espace constitue un milieu homogène et quantifiable, composé de points statiques, le temps pris en lui-même est hétérogénéité, changement qualitatif, dynamisme. La représentation scientifique du temps tue littéralement le temps dont elle ne conserve qu'une représentation mathématique. Les représentations communes aussi bien que scientifiques d'un temps spatialisé ont naturellement leur utilité, et il ne s'agit pas pour Bergson de les critiquer en tant que telles. Sa critique porte sur le sens philosophique qu'on leur prête illégitimement. L'utilité ne saurait constituer un critère de vérité. Pour penser le temps réel, la pure durée, la philosophie doit revenir à « ce qui frappe notre conscience », à savoir la succession temporelle et la création de nouveauté. Lorsque je veux me préparer un verre d'eau sucrée, dit Bergson, c'est un fait, je dois « attendre que le sucre fonde ». Ce petit fait constitue une expérience philosophique. En effet, le fait de l'attente ouvre la conscience à la réalité absolue de la durée : j'ai beau tourner la cuiller aussi vite que possible dans le verre, il faut que j'attende, cela dure un certain temps avant que l'eau soit sucrée. Cette durée est une donnée immédiate de la conscience qui réconcilie la pensée et le mouvant.

Deleuze

Le Jaloux

Si le temps a grande importance dans la Recherche, c'est que toute vérité est vérité du temps. Mais la Recherche est d'abord recherche de la vérité. Par là se manifeste la portée « philosophique » de l'œuvre de Proust : elle rivalise avec la philosophie. Proust dresse une image de la pensée qui s'oppose à celle de la philosophie. Il s'attaque à ce qui est le plus essentiel dans une philosophie classique de type rationaliste. Il s'attaque aux présupposés de cette philosophie. Le philosophe présuppose volontiers que l'esprit en tant qu'esprit, le penseur en tant que penseur veut le vrai, aime ou désire le vrai, cherche naturellement le vrai. Il s'accorde à l'avance une bonne volonté de penser ; toute sa recherche, il la fonde sur une « décision préméditée ». En découle la méthode de la philosophie : d'un certain point de vue, la recherche de la vérité serait le plus naturel et le plus facile ; il suffirait d'une décision, et d'une méthode capable de vaincre les influences extérieures qui détournent la pensée de sa vocation et lui font prendre le faux pour le vrai. Il s'agirait de découvrir et d'organiser les idées suivant un ordre qui serait celui de la pensée, comme autant de significations explicites ou de vérités formulées qui viendraient remplir la recherche et assurer l'accord entre les esprits.

Dans philosophe, il y a « ami ». Il est important que Proust adresse la même critique à la philosophie et à l'amitié. Les amis sont, l'un par rapport à l'autre, comme des esprits de bonne volonté qui s'accordent sur la signification des choses et des mots : ils communiquent sous l'effet d'une bonne volonté commune. La philosophie est comme l'expression d'un Esprit universel qui s'accorde avec soi pour déterminer des significations explicites et communicables. La critique de Proust touche à l'essentiel : les vérités restent arbitraires et abstraites, tant qu'elles se fondent sur la bonne volonté de penser. Seul le conventionnel est explicite. C'est que la philosophie, comme l'amitié, ignore les zones obscures où s'élaborent les forces effectives qui agissent sur la pensée, les déterminations qui nous *forcent* à penser. Il n'a jamais suffi d'une bonne volonté, ni d'une méthode élaborée, pour apprendre à penser ; il ne suffit pas d'un ami pour s'approcher du vrai. Les esprits ne se communiquent entre eux que le conventionnel ; l'esprit n'engendre que le possible. Aux vérités de la philosophie, il manque la nécessité, et la griffe de la nécessité. En fait, la vérité ne se livre pas, elle se trahit ; elle ne se communique pas, elle s'interprète ; elle n'est pas voulue, elle est involontaire.

Le grand thème du *Temps retrouvé* est celui-ci : la recherche de la vérité est l'aventure propre de l'involontaire. La pensée n'est rien sans quelque chose qui force à penser, qui fait violence à la pensée. Plus important que la pensée, il y a ce qui « donne à penser » ; plus important que le philosophe, le poète. Victor Hugo fait de la philosophie dans ses premiers poèmes, parce qu'il « pense encore, au lieu de se contenter, comme la nature, de donner à penser ». Mais le poète apprend que l'essentiel est hors de la pensée, dans ce qui force à penser. Le *leitmotiv* du *Temps retrouvé*, c'est le mot *forcer* ; des impressions qui nous forcent à regarder, des rencontres qui nous forcent à interpréter, des expressions qui nous forcent à penser.

« Les vérités que l'intelligence saisit directement à claire-voie dans le monde de la pleine lumière ont quelque chose de moins profond, de moins *nécessaire* que celles que la vie nous a *malgré nous* communiquées en une impression, matérielle parce qu'elle est entrée par nos sens, mais dont nous pouvons dégager l'esprit... Il fallait tâcher d'interpréter les sensations comme les *signes* d'autant de lois et d'idées, en essayant de penser, c'est-à-dire de faire sortir de la pénombre ce que j'avais senti, de le convertir en un équivalent spirituel... Qu'il s'agît de réminiscences dans le genre du bruit de la fourchette ou du goût de la madeleine, ou de ces vérités écrites à l'aide de figures dont j'essayais de chercher le sens dans ma tête, où, clochers, herbes folles, elles composaient un grimoire compliqué et fleuri, leur premier caractère était que *je n'étais pas libre* de les choisir, qu'elles m'étaient données telles quelles. Et je sentais que ce devait être la griffe de leur authenticité. *Je n'avais pas été chercher* les deux pavés de la cour où j'avais buté. Mais justement la façon *fortuite, inévitable* dont la sensation avait été *rencontrée* contrôlait la vérité d'un passé qu'elle ressuscitait, des images qu'elle déclenchait, puisque nous sentons son effort pour remonter vers la lumière, que nous sentons la joie du réel retrouvé... Le livre intérieur de ces *signes* inconnus (de *signes* en relief, semblait-il, que mon attention allait chercher, heurtait, contournait, comme un plongeur qui sonde), pour sa lecture, personne ne pouvait m'aider d'aucune règle, cette lecture consistant en un acte de création où nul ne peut nous suppléer ni même collaborer avec nous... Les idées formées par l'intelligence pure n'ont qu'une vérité logique, une vérité possible, leur élection est arbitraire. Le livre aux caractères figurés, *non tracés par nous*, est notre seul livre. Non que les idées que nous formons ne puissent être justes logiquement, mais nous ne savons pas si elles sont vraies. Seule l'impression si chétive qu'en semble la matière, si invraisemblable la trace, est un critérium de vérités et à cause de cela mérite seule d'être appréhendée par l'esprit, car elle est seule capable, s'il sait en dégager cette vérité, de l'amener à une plus grande perfection et de lui donner une pure joie ».

Ce qui force à penser, c'est le signe. Le signe est l'objet d'une rencontre ; mais c'est précisément la contingence de la rencontre qui garantit la nécessité de ce qu'elle donne à penser. L'acte de penser ne découle pas d'une simple possibilité naturelle. Il est, au contraire, la seule création véritable. La création, c'est la genèse de l'acte de penser dans la pensée elle-même. Or cette genèse implique quelque chose qui fait violence à la pensée, qui l'arrache à sa stupeur naturelle, à ses possibilités seulement abstraites. Penser, c'est toujours interpréter, c'est-à-dire expliquer, développer, déchiffrer, traduire un signe. Traduire, déchiffrer, développer sont la forme de la création pure. Il n'y a pas plus de significations explicites que d'idées claires. Il n'y a que des sens impliqués dans des signes ; et si la pensée a le pouvoir d'expliquer le signe, de le développer dans une Idée, c'est parce que l'Idée est déjà là dans le signe, à l'état enveloppé et enroulé, dans l'état obscur de ce qui force à penser. Nous ne cherchons la vérité que dans le temps, contraints et forcés. Le chercheur de vérité, c'est le jaloux qui surprend un signe mensonger sur le visage de l'aimé. C'est l'homme sensible, en tant qu'il rencontre la violence d'une impression. C'est le lecteur, c'est l'auditeur, en tant que l'œuvre d'art émet des signes qui le forcera peut-être à créer, comme l'appel du génie à d'autres génies. Les communications de l'amitié bavarde ne sont rien, face aux interprétations silencieuses d'un amant. La philosophie, avec toute sa méthode et sa bonne volonté, n'est rien face aux pressions secrètes de l'œuvre d'art. Toujours la création, comme la genèse de l'acte de penser, part des signes. L'œuvre d'art naît des signes autant qu'elle les fait naître ; le créateur est comme le jaloux, divin interprète qui surveille les signes auxquels la vérité *se trahit*.

L'aventure de l'involontaire se retrouve au niveau de chaque faculté. De deux façons différentes, les signes mondains et les signes amoureux sont interprétés par l'intelligence. Mais il ne s'agit plus de cette intelligence abstraite et volontaire, qui prétend trouver par elle-même des vérités logiques, avoir son ordre propre et devancer les pressions du dehors. Il s'agit d'une intelligence involontaire, celle qui subit la pression des signes, et s'anime seulement pour les interpréter, pour conjurer ainsi le vide où elle étouffe, la souffrance qui la submerge. En science et en philosophie, l'intelligence vient toujours avant ; mais le propre des signes, c'est qu'ils font appel à l'intelligence en tant qu'elle vient après, en tant qu'elle doit venir après. Il en est de même de la mémoire : les signes sensibles nous forcent à chercher la vérité, mais ainsi mobilisent une mémoire involontaire (ou une imagination involontaire née du désir). Enfin les signes de l'art nous forcent à penser : ils mobilisent la pensée pure comme faculté des essences. Ils déclenchent dans la pensée ce qui dépend le moins de sa bonne volonté : l'acte de penser lui-même. Les signes mobilisent, contraignent une faculté : intelligence, mémoire ou imagination. Cette faculté, à son tour, met elle-même en mouvement la pensée, la force à penser l'essence. Sous les signes de l'art, nous apprenons ce qu'est la pensée pure comme faculté des essences, et comment l'intelligence, la mémoire ou l'imagination la diversifient par rapport aux autres espèces de signes.

Volontaire et involontaire ne désignent pas des facultés différentes, mais plutôt un exercice différent des mêmes facultés. La perception, la mémoire, l'imagination, l'intelligence, la pensée elle-même n'ont qu'un exercice contingent tant qu'elles s'exercent volontairement : alors, ce que nous percevons, nous pourrions aussi bien nous le rappeler, l'imaginer, le concevoir ; et inversement. La perception ne nous donne aucune vérité profonde, ni la mémoire volontaire, ni la pensée volontaire : rien que des vérités possibles. Ici, rien ne nous force à interpréter quelque chose, rien ne nous force à déchiffrer la nature d'un signe, rien ne nous force à plonger comme « le plongeur qui sonde ». Toutes les facultés s'exercent harmonieusement, mais l'une à la place de l'autre, dans l'arbitraire et dans l'abstrait. – Au contraire, chaque fois qu'une faculté prend sa forme involontaire, elle découvre et atteint sa propre limite, elle s'élève à un exercice transcendant, elle comprend sa propre nécessité comme sa puissance irremplaçable. Elle cesse d'être interchangeable. Au lieu d'une perception indifférente, une sensibilité qui appréhende et reçoit les signes : le signe est la limite de cette sensibilité, sa vocation, son exercice extrême. Au lieu d'une intelligence volontaire, d'une mémoire volontaire, d'une imagination volontaire, toutes ces facultés surgissent sous leur forme involontaire et transcendante : alors chacune découvre ce qu'elle est seule à pouvoir interpréter, chacune explique un type de signes qui lui fait violence en particulier. L'exercice involontaire est la limite transcendante ou la vocation de chaque faculté. Au lieu de la pensée volontaire, tout ce qui force à penser, tout ce qui est forcé de penser, toute la pensée involontaire qui ne peut penser que l'essence. Seule la sensibilité saisit le signe en tant que tel ; seules, l'intelligence, la mémoire ou l'imagination expliquent le sens, chacune d'après telle espèce de signes ; seule la pensée pure découvre l'essence, est forcée de penser l'essence comme la raison suffisante du signe et de son sens.

Il se peut que la critique de la philosophie, telle que Proust la mène, soit éminemment philosophique. Quel philosophe ne souhaiterait dresser une image de la pensée qui ne dépende plus d'une bonne volonté du penseur et d'une décision préméditée ? Chaque fois qu'on rêve d'une pensée concrète et dangereuse, on sait bien qu'elle ne dépend pas d'une décision ni d'une méthode explicites, mais d'une violence rencontrée, réfractée, qui nous conduit malgré nous jusqu'aux Essences. Car les essences vivent dans les zones obscures, non pas dans les régions tempérées du clair et du distinct. Elles sont enroulées dans ce qui force à penser, elles ne répondent pas à notre effort volontaire ; elles ne se laissent penser que si nous sommes contraints à le faire.

Proust est platonicien, mais non pas vaguement, parce qu'il invoque les essences ou les Idées à propos de la petite phrase de Vinteuil. Platon nous offre une image de la pensée sous le signe des rencontres et des violences. Dans un texte de la *République*, Platon distingue deux sortes de choses dans le monde : celles qui laissent la pensée inactive, ou lui donnent seulement le prétexte d'une apparence d'activité ; et celles qui donnent à penser, qui forcent à penser. Les premières sont les objets de récognition ; toutes les facultés s'exercent sur ces objets, mais dans un exercice contingent, qui nous fait dire « c'est un doigt », c'est une pomme, c'est une maison..., etc. Au contraire, il y a d'autres choses qui nous forcent à penser : non plus des objets *reconnaissables*, mais des choses qui font violence, des signes *rencontrés*. Ce sont des « perceptions contraires en même temps », dit Platon. (Proust dira : sensations communes à deux endroits, à deux moments.) Le signe sensible nous fait violence : il mobilise la mémoire, il met l'âme en mouvement ; mais l'âme à son tour émeut la pensée, lui transmet la contrainte de la sensibilité, la force à penser l'essence, comme la seule chose qui doive être pensée. Voilà que les facultés entrent dans un exercice transcendant, où chacune affronte et rejoint sa limite propre : la sensibilité qui appréhende le signe ; l'âme, la mémoire, qui l'interprète ; la pensée forcée de penser l'essence. Socrate peut dire à bon droit : je suis l'Amour plus que l'ami, je suis l'amant ; je suis l'art plus que la philosophie ; je suis la torpille, la contrainte et la violence, plutôt que la bonne volonté. Le *Banquet*, le *Phèdre* et le *Phédon* sont les trois grandes études des signes.

Mais le démon socratique, l'ironie, consiste à devancer les rencontres. Chez Socrate, l'intelligence précède encore les rencontres ; elle les provoque, elle les suscite et les organise. L'humour de Proust est d'une autre nature : l'humour juif contre l'ironie grecque. Il faut être doué pour les signes, s'ouvrir à leur rencontre, s'ouvrir à leur violence. L'intelligence vient toujours après, elle est bonne quand elle vient après, elle n'est bonne que quand elle vient après. Nous avons vu comment cette différence avec le platonisme en entraînait beaucoup d'autres. *Il n'y a pas de Logos, il n'y a que des hiéroglyphes*. Penser, c'est donc interpréter, c'est donc traduire. Les essences sont à la fois la chose à traduire et la traduction même, le signe et le sens. Elles s'enroulent dans le signe pour nous forcer à penser, elles se déroulent dans le sens pour être nécessairement pensées. Partout le hiéroglyphe, dont le double symbole est le hasard de la rencontre et la nécessité de la pensée : « fortuit et inévitable ».

Proust et les signes, I, conclusion.
Paris, PUF, Quadrige, 1996.

Deleuze

Comme le dit le dernier livre qu'il ait publié (en collaboration avec Félix Guattari) avant sa mort survenue en 1995 et intitulé *Qu'est-ce que la philosophie ?*, Gilles Deleuze n'a eu d'autre préoccupation tout au long de son œuvre que de savoir ce que c'était au juste que faire de la philosophie. C'est cette question-là qui est posée à travers son travail sur l'événement, le multiple ou la singularité. Dans son livre sur Proust, il rencontre comme de juste la figure du jaloux qui traverse *À la recherche du temps perdu*. Et son analyse du jaloux le conduit à y reconnaître un « personnage conceptuel », une nouvelle image du philosophe. La grande audace de Proust est de montrer que le jaloux ne cherche pas la vérité volontairement. C'est poussé par la jalousie que Swann espionne Odette alors qu'elle vient de le congédier, prétextant la fatigue. Ce n'est pas on ne sait quelle volonté rationnelle de vérité mais bien « le tourment qui l'avait forcé de sortir de chez lui », écrit Proust dans *Un amour de Swann*. La volonté incoercible de savoir qui tenaille le jaloux, ou, comme le dit encore Proust, sa « passion de la vérité », n'a pas de motifs rationnels mais des mobiles affectifs. Deleuze oppose *La recherche du temps perdu* et *La recherche de la vérité par la lumière naturelle* de Descartes. Proust renverse l'image cartésienne de la philosophie selon laquelle « la recherche de la vérité serait le plus naturel et le plus facile ; il suffirait d'une décision, et d'une méthode capable de vaincre les influences extérieures qui détournent la pensée de sa vocation et lui font prendre le faux pour le vrai ». La méthode cartésienne repose effectivement sur la libre décision de chercher la vérité et sur le primat du simple et du facile sur le complexe (*cf.* p. 51). Or, Deleuze pense qu'une telle image de la philosophie ne peut produire que des vérités « arbitraires et abstraites », accommodées aux souhaits de la raison. Proust n'écrit-il pas que « les idées formées par l'intelligence pure n'ont qu'une vérité logique, une vérité possible » ? À cette conception abstraite de la vérité, Deleuze substitue une vérité concrète qui n'est pas voulue mais rencontrée dont il trouve l'expression dans l'opposition proustienne de la « mémoire volontaire » et de la « mémoire involontaire ». Les souvenirs que la mémoire volontaire produit sont doublement falsifiés. D'abord parce qu'ils ont été délibérément sélectionnés. Et cette sélection a naturellement pour contrepartie l'élimination concertée de tous les souvenirs embarrassants. Ensuite parce qu'ils ont subi une déformation destinée à les rendre acceptables pour la raison. Mais, loin d'être le résultat d'un travail de la raison, le vrai nous arrive malgré nous. Il constitue une sorte de raté dans l'élaboration rationnelle et volontaire des souvenirs. Ce que conteste Deleuze, c'est que dans « philosophe » il y ait « ami ». Le jaloux n'est pas l'ami de la vérité qui le blesse et qu'il ne peut pas s'empêcher de chercher à connaître. De la même manière, le philosophe subit l'emprise d'un affect qui le force à penser. La philosophie, cette « aventure de l'involontaire », commence comme une histoire d'amour : contrainte et forcée par le hasard d'une rencontre.

CATALOGUE LIBRIO
CLASSIQUES

Anonyme
Tristan et Iseut - n° 357
L'Affaire Dreyfus
J'accuse et autres documents - n° 201
Honoré de Balzac
Le colonel Chabert - n° 28
Melmoth réconcilié - n° 168
Ferragus, chef des Dévorants - n° 226
La vendetta - n° 302
Jules Barbey d'Aurevilly
Le bonheur dans le crime - n° 196
Charles Baudelaire
Les Fleurs du Mal - n° 48
Le Spleen de Paris - n° 179
Les paradis artificiels - n° 212
Beaumarchais
Le barbier de Séville - n° 139
Bernardin de Saint-Pierre
Paul et Virginie - n° 65
Pedro Calderón de la Barca
La vie est un songe - n° 130
Giacomo Casanova
Plaisirs de bouche - n° 220
Corneille
Le Cid - n° 21
Alphonse Daudet
Lettres de mon moulin - n° 12
Sapho - n° 86
Tartarin de Tarascon - n° 164
Descartes
Le discours de la méthode - n° 299
Charles Dickens
Un chant de Noël - n° 146
Denis Diderot
Le neveu de Rameau - n° 61
La religieuse - n° 311
Fiodor Dostoïevski
L'éternel mari - n° 112
Le joueur - n° 155
Épicure
Lettres et maximes - n° 363
Gustave Flaubert
Trois contes - n° 45
Dictionnaire des idées reçues - n° 175
Anatole France
Le livre de mon ami - n° 123
Théophile Gautier
Le roman de la momie - n° 81
La morte amoureuse - n° 263
La Genèse - n° 90

Goethe
Faust - n° 82
Nicolas Gogol
Le journal d'un fou - n° 120
La nuit de Noël - n° 252
Grimm
Blanche-Neige - n° 248
Homère
L'Odyssée *(extraits)* - n° 300
Victor Hugo
Le dernier jour d'un condamné - n° 70
La légende des siècles *(morceaux choisis)* - n° 341
Alfred Jarry
Ubu roi - n° 377
Franz Kafka
La métamorphose - n° 3
Eugène Labiche
Le voyage de Monsieur Perrichon - n° 270
Madame de La Fayette
La Princesse de Clèves - n° 57
Jean de La Fontaine
Le lièvre et la tortue - n° 131
Alphonse de Lamartine
Graziella - n° 143
Longus
Daphnis et Chloé - n° 49
Nicolas Machiavel
Le Prince - n° 163
Stéphane Mallarmé
Poésie - n° 135
Karl Marx, Friedrich Engels
Manifeste du parti communiste - n° 210
Guy de Maupassant
Le Horla - n° 1
Boule de Suif - n° 27
Une partie de campagne - n° 29
La maison Tellier - n° 44
Une vie - n° 109
Pierre et Jean - n° 151
La petite Roque - n° 217
Le docteur Héraclius Gloss - n° 282
Miss Harriet - n° 318
Prosper Mérimée
Carmen - n° 13
Mateo Falcone - n° 98
Colomba - n° 167

La vénus d'Ille - n° 236
La double méprise - n° 316
Les Mille et Une Nuits
Histoire de Sindbad le Marin - n° 147
Aladdin ou la lampe merveilleuse - n° 191
Ali Baba et les quarante voleurs - n° 298
Molière
Dom Juan - n° 14
Les fourberies de Scapin - n° 181
Le bourgeois gentilhomme - n° 235
L'école des femmes - n° 277
L'avare - n° 339
Thomas More
L'utopie - n° 317
Alfred de Musset
Les caprices de Marianne - n° 39
Gérard de Nerval
Aurélia - n° 23
Ovide
L'art d'aimer - n° 11
Charles Perrault
Contes de ma mère l'Oye - n° 32
Platon
Le banquet - n° 76
Edgar Allan Poe
Double assassinat dans la rue Morgue - n° 26
Le scarabée d'or - n° 93
Alexandre Pouchkine
La fille du capitaine - n° 24
La dame de pique - n° 74
Abbé Prévost
Manon Lescaut - n° 94
Marcel Proust
Sur la lecture - n° 375
Racine
Phèdre - n° 301
Britannicus - n° 390
Jules Renard
Poil de Carotte - n° 25
Histoires naturelles - n° 134
Arthur Rimbaud
Le bateau ivre - n° 18
Les illuminations *suivi de*
Une saison en enfer - n° 385
Edmond Rostand
Cyrano de Bergerac - n° 116
Jean-Jacques Rousseau
De l'inégalité parmi les hommes - n° 340
Marquis de Sade
Le président mystifié - n° 97
Les infortunes de la vertu - n° 172
Saint Jean
L'Apocalypse - n° 329

George Sand
La mare au diable - n° 78
La petite Fadette - n° 205
Scènes gourmandes - n° 286
William Shakespeare
Roméo et Juliette - n° 9
Hamlet - n° 54
Othello - n° 108
Macbeth - n° 178
Le roi Lear - n° 351
Sophocle
Œdipe roi - n° 30
Stendhal
L'abbesse de Castro - n° 117
Le coffre et le revenant - n° 221
Robert Louis Stevenson
Olalla des Montagnes - n° 73
Le cas étrange du Dr Jekyll et de M. Hyde - n° 113
Anton Tchekhov
La dame au petit chien - n° 142
La salle numéro 6 - n° 189
Léon Tolstoï
Hadji Mourad - n° 85
La mort d'Ivan Ilitch - n° 287
Ivan Tourgueniev
Premier amour - n° 17
Les eaux printanières - n° 371
Mark Twain
Trois mille ans chez les microbes - n° 176
Vâtsyâyana
Les Kâma Sûtra - n° 152
Bernard Vargaftig
La poésie des Romantiques - n° 262
Paul Verlaine
Poèmes saturniens - n° 62
Romances sans paroles - n° 187
Poèmes érotiques - n° 257 (*pour lecteurs avertis*)
Jules Verne
Les cinq cents millions de la Bégum - n° 52
Les forceurs de blocus - n° 66
Le château des Carpathes - n° 171
Les Indes noires - n° 227
Une ville flottante - n° 346
Voltaire
Candide - n° 31
Zadig ou la Destinée - n° 77
L'ingénu - n° 180
La princesse de Babylone - n° 356
Émile Zola
La mort d'Olivier Bécaille - n° 42
Naïs - n° 127

LITTÉRATURE

Alphonse Allais
L'affaire Blaireau - n°43
À l'œil - n°50
Richard Bach
Jonathan Livingston le goéland - n°2
Le messie récalcitrant - n°315
Barrot Adrien
L'enseignement mis à mort - n°427
Pierre Benoit
Le soleil de minuit - n°60
Nina Berberova
L'accompagnatrice - n°198
Georges Bernanos
Un crime - n°194
Un mauvais rêve - n°247
Patrick Besson
Lettre à un ami perdu - n°218
Bettane et Desseauve
Guide du vin - n°396
André Beucler
Gueule d'amour - n°53
Calixthe Beyala
C'est le soleil qui m'a brûlée - n°165
Alphonse Boudard
Une bonne affaire - n°99
Outrage aux mœurs - n°136
Yveline Brière
Le livre de la sagesse - n°327
Serge Brussolo
Soleil de soufre - n°291
Francis Carco
Rien qu'une femme - n°71
Lewis Carroll
Les aventures d'Alice au pays des merveilles - n°389
Muriel Cerf
Amérindiennes - n°95
Jean-Pierre Chabrol
Contes à mi-voix :
- La soupe de la mamée - n°55
- La rencontre de Clotilde - n°63
Georges-Olivier Châteaureynaud
Le jardin dans l'île - n°144
Andrée Chedid
Le sixième jour - n°47
L'enfant multiple - n°107
Le sommeil délivré - n°153
L'autre - n°203
L'artiste - n°281
La maison sans racines - n°350

Bernard Clavel
Tiennot - n°35
L'homme du Labrador - n°118
Contes et légendes du Bordelais - n°224
Jean Cocteau
Orphée - n°75
Colette
Le blé en herbe - n°7
La fin de Chéri - n°15
L'entrave - n°41
Raphaël Confiant
Chimères d'En-Ville - n°240
Pierre Dac
Dico franco-loufoque - n°128
Pierre Dac et Louis Rognoni
Bons baisers de partout :
- L'Opération Tupeutla (1) - n°275
- L'Opération Tupeutla (2) - n°292
- L'Opération Tupeutla (3) - n°326
La découverte des Indiens (1492-1550)
- n°303
Philippe Delerm
L'envol - n°280
Virginie Despentes
Mordre au travers - n°308
(pour lecteurs avertis)
André Dhôtel
Le pays où l'on n'arrive jamais - n°276
Les dinosaures (5 nouvelles de I. Asimov à R. Silverberg)
Anthologie présentée par Serge Lehman - n°328
Philippe Djian
Crocodiles - n°10
Les droits de l'homme
Anthologie présentée par Jean-Jacques Gandini - n°250
L'école de Chateaubriand à Proust
Anthologie présentée par J. Leroy - n°380
Éloge de l'ivresse. D'Anacréon à G. Debord
Anthologie présentée par S. Lapaque et J. Leroy - n°395
Richard Paul Evans
Le coffret de Noël - n°251
Frison-Roche
Premier de cordée, 2 vol. - n°ˢ 148 et 149
Jean-Jacques Gandini
Le procès Papon - n°314

Khalil Gibran
Le Prophète - n° 185
Albrecht Goes
Jusqu'à l'aube - n° 140
Sacha Guitry
Bloompott - n° 204
Gulliver
- Dire le monde - n° 239
- Musique ! - n° 269
- World Fiction - n° 285
Frédérique Hébrard
Le mois de septembre - n° 79
Éric Holder
On dirait une actrice - n° 183
Michel Houellebecq
Rester vivant - n° 274
La poursuite du bonheur - n° 354
Inventons la paix
Huit écrivains racontent... (anthologie) - n° 338
Jean-Claude Izzo
Loin de tous rivages - n° 426
Henry James
Une vie à Londres - n° 159
Le tour d'écrou - n° 200
Raymond Jean
La lectrice - n° 157
Jean-Charles
La foire aux cancres - n° 132
Une journée d'été
Des écrivains contemporains racontent... - n° 374
Adrien Le Bihan
Auschwitz Graffiti - n° 394
Jack London
Croc-Blanc - n° 347
Pierre Louÿs
La Femme et le Pantin - n° 40
Manuel de civilité - n° 255
(*pour lecteurs avertis*)
Félicien Marceau
Le voyage de noce de Figaro - n° 83
Jean Markale
Le temps des merveilles (anthologie) - n° 297
François Mauriac
Un adolescent d'autrefois - n° 122
Méditerranées
Anthologie présentée par
M. Le Bris et J.-C. Izzo - n° 219
Mirabeau
L'éducation de Laure - n° 256
(*pour lecteurs avertis*)

Henry de Monfreid
Le récif maudit - n° 173
La sirène de Rio Pongo - n° 216
Alberto Moravia
Le mépris - n° 87
Jean d'Ormesson
Une autre histoire de la littérature française
- Le Moyen Âge et le XVIᵉ s. - n° 387
- Le Théâtre classique - n° 388
Paroles de poilus
Lettres du front 1914-1918
(anthologie) - n° 245
Claude Pujade-Renaud
Vous êtes toute seule ? - n° 184
Henri Queffélec
Un recteur de l'île de Sein - n° 169
Raymond Radiguet
Le diable au corps - n° 8
Le bal du comte d'Orgel - n° 156
Vincent Ravalec
Du pain pour les pauvres - n° 111
Joséphine et les gitans - n° 242
Orlando de Rudder
Bréviaire de la gueule de bois - n° 232
Gilles de Saint-Avit
Deux filles et leur mère - n° 254
(*pour lecteurs avertis*)
Erich Segal
Love Story - n° 22
Albert t'Serstevens
L'or du Cristobal - n° 33
Taïa - n° 88
Sortons couverts!
10 histoires de préservatifs - n° 290
Jonathan Swift
Le voyage à Lilliput - n° 378
Marc Trillard
Un exil - n° 241
Henri Troyat
La neige en deuil - n° 6
Le geste d'Ève - n° 36
La pierre, la feuille et les ciseaux - n° 67
La rouquine - n° 110
Viou - n° 284
Vive l'École républicaine
Anthologie présentée par Philippe
Muller - n° 310
Vladimir Volkoff
Nouvelles américaines :
- Un homme juste - n° 124
- Un cas de force mineure - n° 166
Xavière
La punition - n° 253
(*pour lecteurs avertis*)

LIBRIO NOIR

Bill Ballinger
Version originale - n° 244

James M. Cain
Le bébé dans le frigidaire - n° 238

Jerome Charyn
Appelez-moi Malaussène - n° 379

Michel Chevron
Fille de sang - n° 313

Didier Daeninckx
Autres lieux - n° 91
Main courante - n° 161
Le Poulpe/Nazis dans le métro - n° 222
Les figurants - n° 243

Gilles Del Pappas
Massilia Dreams - n° 361

Gérard Delteil
Le Poulpe/Chili incarné - n° 272

Pascal Dessaint
Le Poulpe/Les pis rennais - n° 258
De quoi tenir dix jours - n° 330
(pour lecteurs avertis)

Frédéric H. Fajardie
Les Hauts Vents - n° 289

Michael Guinzburg
Le voleur de briquets - n° 360

Yves Hughes
Décembre au bord - n° 352

Jean-Claude Izzo
Vivre fatigue - n° 208

Andrea H. Japp
Le septième cercle - n° 312

Thierry Jonquet
Le pauvre nouveau est arrivé ! - n° 223

Éric Legastelois
Une scaphandrière dans l'aquarium - n° 353

Sophie Loubière
Petits polars à l'usage des grands - n° 398

Michèle Lesbre
Un homme assis - n° 399

La méchante dose
Anthologie présentée par Jacques Sadoul - n° 273

Francis Mizio
Un quart d'heure et pas plus - n° 305

Guillaume Nicloux
Le Poulpe/Le Saint des seins - n° 304

Daniel Picouly
Tête de nègre - n° 209

Jean-Bernard Pouy
Le Poulpe/La petite écuyère a cafté - n° 206

Hervé Prudon
Le Poulpe/Ouarzazate et mourir - n° 288

Patrick Raynal
Le Poulpe/Arrêtez le carrelage - n° 207

Jean-Jacques Reboux
Le Poulpe/La cerise sur le gâteux - n° 237

Maud Tabachnik
Lâchez les chiens ! - n° 373

François Thomazeau
Les aventures de Schram et Guigou :
- Qui a tué M. Cul ? - n° 259
- Qui a noyé l'homme-grenouille ? - n° 331

POLICIERS

John Buchan
Les 39 marches - n° 96
Leslie Charteris
Le Saint :
- Le Saint entre en scène - n° 141-
Le policier fantôme - n° 158
- En petites coupures - n° 174
- Impôt sur le crime - n° 195
- Par ici la monnaie ! - n° 231

La dimension policière.
Une anthologie présentée par Roger Martin
- 9 nouvelles de Hérodote à Vautrin - n° 349

Arthur Conan Doyle
Sherlock Holmes :
- La bande mouchetée - n° 5
- Le rituel des Musgrave - n° 34
- La cycliste solitaire - n° 51
- Une étude en rouge - n° 69
- Les six Napoléons - n° 84
- Le chien des Baskerville - n° 119
- Un scandale en Bohême - n° 138
- Le signe des Quatre - n° 162
- Le diadème de Béryls - n° 202
- Le problème final - n° 229
- Les hommes dansants - n° 283

Gaston Leroux
Le fauteuil hanté - n° 126

Archange Morelli
Le vicaire:
- Les yeux de sainte Lucie - n° 344

Ellery Queen
Le char de Phaéton - n° 16
La course au trésor - n° 80
La mort de Don Juan - n° 228

Jean Ray
Harry Dickson :
- Le châtiment des Foyle - n° 38
- Les étoiles de la mort - n° 56
- Le fauteuil 27 - n° 72
- La terrible nuit du zoo - n° 89
- Le temple de fer - n° 115
- Le lit du diable - n° 133
- L'étrange lueur verte - n° 154
- La bande de l'Araignée - n° 170
- Les Illustres Fils du Zodiaque - n° 190
- L'île de la terreur - n° 230

403

Composition IGS-CP à Angoulême
Achevé d'imprimer en Europe
à Pössneck (Thuringe, Allemagne)
en mai 2001 pour le compte de EJL
84, rue de Grenelle 75007 Paris
Dépôt légal mai 2001
1er dépôt légal dans la collection : septembre 2000

Diffusion France et étranger : Flammarion